O CAMINHO DA ORIGINALIDADE

CARO(A) LEITOR(A),

Queremos saber sua opinião sobre nossos livros.

Após a leitura, siga-nos no linkedin.com/company/editora-gente,

no TikTok @editoragente e no Instagram @editoragente

e visite-nos no site www.editoragente.com.br.

Cadastre-se e contribua com sugestões,

críticas ou elogios.

Eduardo Shinyashiki

Prefácio de Davi Braga

O CAMINHO DA ORIGINALIDADE

O método para transformar relações rasas, rotinas exaustivas e falta de sentido em uma vida plena e verdadeira

Gente editora

Diretora
Rosely Boschini
Diretora Editorial
Joyce Moysés
Editora Pleno
Carolina Forin
Assistente Editorial
Mariá Moritz Tomazoni
Produção Gráfica
Leandro Kulaif
Preparação
Gleice Couto
Capa, Projeto Gráfico e Diagramação
Marcela Badolatto
Revisão
João Rodrigues
Impressão
Bartira

Rua Deputado Lacerda Franco, 300 – Pinheiros
São Paulo, SP – CEP 05418-000
Telefone: (11) 3670-2500
Site: www.editoragente.com.br
E-mail: gente@editoragente.com.br

Dados Internacionais de Catalogação na Publicação (CIP)
Angélica Ilacqua CRB-8/7057

Shinyashiki, Eduardo
O caminho da originalidade : o método para transformar relações rasas, rotinas exaustivas e falta de sentido em uma vida plena e verdadeira / Eduardo Shinyashiki. - São Paulo : Editora Gente, 2025.
224 p.

Bibliografia
ISBN 978-65-5544-629-6

1. Desenvolvimento pessoal I. Título

25-3086 CDD 158.1

Índices para catálogo sistemático:
1. Desenvolvimento pessoal

NOTA DA PUBLISHER

Eduardo diz que "a verdadeira liberdade começa quando você se encontra com a sua essência, e não com o que esperam de você. É nesse reencontro que nasce o verdadeiro sentido da vida. E ele não vem de fora. Ele vem de dentro".

É com essa clareza profunda que ele conduz o leitor por *O caminho da originalidade*. Um livro que não oferece respostas fáceis, mas provoca as perguntas certas. Um convite ao retorno: para dentro, para o que realmente importa.

Como mentor e especialista em desenvolvimento humano, Eduardo Shinyashiki dedica sua vida a impulsionar pessoas a liderarem a si mesmas com mais consciência e presença. Ao longo de décadas, trabalhou com líderes, empresas e educadores sempre com um olhar atento ao que está por trás da performance: o ser humano, com suas buscas, suas verdades, suas escolhas.

Tive a alegria de, ao longo dos anos, ter muitas conversas com o Edu sobre propósito, autenticidade e a diferença entre sucesso e realização. Por isso, ver este livro publicado é, para mim, uma celebração gigante. Afinal, ele fala de um tema que atravessa gerações: o cansaço de viver uma vida moldada por expectativas externas, como se estivéssemos tentando caber em "sapatos apertados" que não nos pertencem.

Ele descobriu o que muitos ignoram: o verdadeiro sucesso nasce de ser quem você é, e não de vestir máscaras para agradar o mundo. Esse olhar, forjado em décadas de experiência, faz com que suas palavras tenham peso e vida.

Cada capítulo aqui é uma chave para você se libertar de padrões limitantes, curar dores silenciosas e criar uma vida com propósito e sentido. Meu convite é simples: permita-se essa travessia. Descalce os sapatos que nunca foram seus e venha descobrir a leveza de ser quem você nasceu para ser.

ROSELY BOSCHINI
CEO e Publisher da Editora Gente

Dedico este livro às mulheres
extraordinárias da minha vida:

À minha esposa, Daniela Oggionni, cuja presença
ilumina cada passo da minha jornada e me inspira,
todos os dias, a viver com autenticidade.

À minha filha, Caroline Parrilo Shinyashiki,
e à minha caçula, Stella Oggionni Shinyashiki,
que, com sua essência única, me revelam novos
caminhos de originalidade e amor.

E às minhas netas, Maria Eduarda Shinyashiki
Siqueira e Alice Shinyashiki Silva, que, com sua
espontaneidade e autenticidade, me lembram que a
originalidade é algo que atravessa gerações.

Gratidão por me ensinarem a olhar a vida
com novos olhos e por me convidarem, a cada dia,
a caminhar por ela com originalidade.

SUMÁRIO

PREFÁCIO

Nem sempre o que é bonito está vivo. Estamos inseridos em diversos contextos que supervalorizam o brilho em detrimento do propósito, que nos fazem crer que o ápice da vida está no reconhecimento. Mas há um perigo na ideia de que, se formos bons e produtivos o suficiente, seremos validados: acabamos performando versões de nós mesmos que não sustentamos nem reconhecemos.

Mas, de vez em quando, no meio da multidão de vozes que repetem fórmulas baratas de sucesso, aparece alguém que não tenta inventar um novo caminho – apenas ousa trilhar o caminho original.

Eu conheço o Edu e posso dizer que este livro não nasceu de uma ideia genial, mas de um processo. De um tipo de insatisfação que não é barulhenta, mas profunda; daquela dor que só quem já se perdeu de si entende. Este livro é uma convocação para que você seja real.

Eu sei que ser autêntico dá trabalho. É mais fácil seguir o fluxo, mas se esconder tem um custo alto: o custo de se esquecer. Quando você performa por muito tempo, uma hora acredita no personagem. Uma hora, você se confunde. E aí até pode vencer, mas não sabe mais se foi você quem venceu ou a versão que criou para agradar os outros.

Foi o Edu quem me lembrou que performance sem felicidade e sem autenticidade é fracasso – aquele fracasso que ninguém vê, que tentamos esconder com mais conquistas, mais lançamentos, mais entregas. Até que não temos mais nada para provar e, mesmo assim, ainda não sentimos paz.

Vejo a coragem de ser real como o divisor de águas desta geração. Quem escolhe ser real não está apenas se diferenciando no discurso, mas assinando um compromisso com outro estilo de vida, porque não tem como viver como todo mundo e esperar resultados diferentes. Ser real não é se adaptar para pertencer – é pertencer porque você parou de se adaptar. É algo que tira você do piloto automático, que muda sua rota. E este livro é sobre isso: sobre quem decide viver a vida do único jeito que ela realmente vale a pena ser vivida – do jeito inteiro, do jeito verdadeiro.

Encontrar o seu lugar de paz não tem a ver com passividade, mas com coerência. Com inteireza. Com aquela sensação de que você pode entrar em qualquer ambiente sem precisar recalibrar quem é. Ser autêntico transforma sua relação com o tempo, com o trabalho, com a fé e com os outros. Transforma o modo como você decide e lidera. Esse é o caminho da originalidade. E, se você estiver disposto a segui-lo, não espere se tornar alguém novo... espere reencontrar quem você sempre foi.

Talvez seja por isso que este livro me impactou tanto: aqui, o Edu não está tentando convencer ninguém a viver como ele vive, só está estendendo a mão e dizendo: “Eu encontrei um caminho. Ele é mais simples do que parece, mas exige tudo”.

Se em algum momento desta leitura você se perguntar se vale mesmo a pena abandonar o conforto do personagem, talvez a resposta esteja nos sapatos. Porque não há caminhada possível quando se vive tentando caber no número dos outros.

Nas próximas páginas, você encontrará o que precisa para trilhar o caminho de volta para si mesmo. Boa leitura!

DAVI BRAGA
Empreendedor, escritor, palestrante, mentor e influenciador

CONVITE PARA DESCALÇAR A ALMA

Uma jornada rumo à originalidade

Bem-vindo a uma jornada que vai transcender as páginas deste livro. *O caminho da originalidade* não é apenas um convite à leitura, mas um chamado íntimo para descalçar a alma. Um convite para abandonar os "sapatos apertados" que, por tanto tempo, moldaram seus passos e, por vezes, sufocaram sua verdadeira essência.

Este livro nasceu de um silêncio que ansiava por voz, de um desejo profundo de transformar o peso das limitações na leveza da conquista genuína. E mais do que isso: nasceu como instrumento vivo de transformação – criado para acompanhar você de maneira prática, emocional e energética.

Você tem em mãos mais do que um texto. Tem um espelho. Um mapa. E, agora, também terá um portal de reprogramação interior.

Ao adquirir este livro, você receberá acesso exclusivo a uma plataforma de áudio com sete reprogramações mentais guiadas através do QR Code a seguir. Elas foram elaboradas para serem ouvidas uma por dia, em uma escuta simples e profunda enquanto você percorre os capítulos desta jornada.

O objetivo é ativar e expandir seu poder pessoal ao entrar em contato com as sete forças que sustentam sua verdadeira identidade – forças que desde o seu nascimento habitam você, ainda que as tenha esquecido ao longo do caminho.

Esses áudios não são um complemento. São parte essencial da experiência, como chaves emocionais e energéticas que destrancam portas internas. À medida que as palavras escritas despertam a consciência, as reprogramações reinstalam no seu corpo, na sua mente e no seu campo emocional a verdade de quem você é.

Apenas permita que a voz e a vibração façam o trabalho interior.

Escaneie o QR Code ao lado e tenha acesso à plataforma de áudio.

http://ocaminhodaoriginalidade.com.br/

A LEITURA QUE PERMANECE: PARA ALÉM DA MEMÓRIA FUGAZ

Existem duas formas de se relacionar com este livro.

A primeira é como fazemos com tantas leituras inspiradoras: um encontro atencioso, talvez até prazeroso, mas que se dissipa com o tempo. A memória de curto prazo, limitada e volátil, guarda as ideias por alguns minutos – talvez algumas horas – e, depois, se desfaz como neblina. Isso acontece porque a emoção não foi suficientemente ativada para ancorar a experiência.

A segunda forma – a que proponho aqui – é uma travessia emocional e vivencial.

A cada capítulo, você será envolvido por uma leitura que desperta a consciência e, em seguida, por uma reprogramação que integra esse despertar no seu sistema nervoso, na sua identidade, na sua vibração.

Esse é o caminho que ativa a memória de longo prazo – a que transforma. A que constrói novas conexões sinápticas, ativa outras percepções e reorganiza os seus padrões mais profundos de sentir, pensar e agir.

UMA REVOLUÇÃO AMOROSA E EMPODERADORA

Este não é um livro sobre você.

É um livro para você.

Para que você possa voltar para o centro da sua vida com coragem, gentileza e verdade.

É um convite para viver uma revolução amorosa – silenciosa por fora, mas profundamente transformadora por dentro.

Cada capítulo trará uma chave.

Cada áudio, um gesto interno de cura.

Cada página, um lembrete: você é muito mais do que aprendeu a ser.

Esta não será apenas uma leitura, será uma reprogramação da sua maneira de existir no mundo.

APRESENTAÇÃO

O silêncio que queria falar

Por que este livro existe?

Você já teve a sensação de que há algo dentro de você tentando gritar, mas que só consegue sussurrar?

Este livro nasceu desse sussurro. Ou melhor: nasceu de um silêncio que me acompanhava havia anos. Um silêncio que, por muito tempo, eu confundi com força. Com maturidade. Com equilíbrio. Mas, na verdade, era o silêncio da minha própria essência, trancada atrás de todas as versões que criei para ser aceito, compreendido, admirado.

E talvez você também tenha sentido esse tipo de silêncio. Aquele que não vem da paz, mas da desconexão. O silêncio que cresce entre quem você é... e quem você aprendeu a parecer. O silêncio de quem está cansado de sorrir quando não quer. De quem vive se moldando para não decepcionar. De quem, mesmo cercado de pessoas, sente um vazio tão fundo que ecoa.

Este livro existe para dar voz a esse silêncio. Para colocar em palavras aquilo que muitos de nós só conseguimos sentir no escuro. Ele é uma travessia. Não para um lugar novo, mas para um lugar esquecido: você.

Escrevi cada capítulo como quem volta para casa depois de uma longa ausência. E, nesse retorno, fui percebendo que há dores que não precisam mais ser escondidas. Que há verdades que merecem ser ditas – mesmo tremendo. Que há um jeito de viver que não exige esforço constante para agradar, nem máscaras para proteger.

Escrevi para lembrar que é possível viver de um jeito mais leve, mais profundo, mais nosso. Que a originalidade não é uma meta inalcançável, ela não é para poucos, mas o ponto de partida que esquecemos pelo caminho. E que cada um de nós carrega uma bússola, mesmo que enferrujada, apontando para o que é verdadeiro.

Este livro existe porque me cansei de ver gente linda sufocada por expectativas. Porque me recuso a aceitar que ser feliz seja sinônimo de seguir padrões. Porque acredito que sua verdade tem poder – e merece espaço. E porque eu sei, no fundo do peito, que existe um chamado aí dentro de você. Um chamado para parar de se repetir. Para viver com sentido. Para ocupar sua vida consigo mesmo – e não com o personagem que criaram para você vestir.

Você pode estar em silêncio agora. No entanto, eu sei: sua alma está gritando. E este livro é o convite para você ouvi-la.

O NÃO DITO DA VIDA

A maior parte da nossa dor não mora no que foi dito, mas no que nunca conseguimos dizer.

Há uma parte de nós que aprendeu cedo demais a calar. A engolir o choro para não incomodar. A sorrir quando queria fugir. A fazer piada da própria dor para não se achar ridículo. A vida ensinou, sem pedir permissão, que sentir era perigoso. Que mostrar fraqueza era errado. Que falar sobre a verdade interna assustava – aos outros e a nós mesmos.

Então fomos empilhando silêncios. Camadas e camadas de "depois eu lido com isso", "não é nada de mais" e "tem gente passando por coisa pior". Nós nos tornamos especialistas em fingir que estava tudo bem, e o mundo aplaudiu.

Mas, lá dentro, havia um grito sufocado. Um desconforto que não passava com elogios, conquistas ou afeto raso. Era como usar uma roupa bonita por cima de uma pele ferida. A imagem estava polida. Mas, em nosso interior, uma guerra era travada todos os dias.

O não dito nos adoece. Começa sutil: insônia, apatia, distração constante. Depois vira irritação sem motivo, cansaço crônico, crises de ansiedade, doenças que os exames não explicam. O corpo começa a falar o que a boca não dá conta. A alma tenta nos acordar por meio do desconforto, só que respondemos com mais silêncio, mais ocupação, mais autoexigência.

E sabe o que é mais cruel? Chega uma hora que esquecemos o que estamos calando. A dor vira parte da mobília. O vazio se camufla entre as tarefas. Aprendemos a sobreviver tão bem... que já nem lembramos o que era viver.

QUANDO A ALMA GRITA

A alma, porém, não se cala para sempre.

Ela começa com um incômodo leve, como uma música tocando ao fundo. Depois, insiste. Grita nos momentos de pausa. Aparece nos domingos silenciosos, nas noites em que o sono não vem, nos olhares que evitamos no espelho.

Às vezes, ela explode. Em forma de crise. De ruptura. De perda. De colapso. De um "chega" que nos atravessa antes de sabermos por quê. É nesse momento que muita gente acha que está quebrando... mas, na verdade, está começando a acordar.

A alma grita não para nos destruir, mas para nos resgatar.

Ela quer nos lembrar do que importa. Do que esquecemos. Do que enterramos para caber em um mundo que exige menos do que somos. A alma grita para nos tirar do piloto automático, da vida encaixada, das repetições que nos anestesiam.

E, quando a alma grita, algo em nós reconhece. Mesmo sem saber o caminho de volta, sabemos que não dá mais para continuar fingindo, que queremos mais do que performance: queremos verdade, paz, pertencimento – aquele que começa dentro de nós.

Este livro é para quem já ouviu esse grito. Ou para quem está começando a escutá-lo agora.

Ele não é um manual. É um espelho. É uma travessia escrita com as mãos da minha própria alma – para tocar a sua. Não prometo respostas prontas. No entanto, posso garantir que, ao final dessa jornada, você estará mais perto de si mesmo do que jamais esteve.

E, quando isso acontecer, vai entender: o que sua alma queria dizer o tempo todo... é que você nunca precisou ser nada além de si.

Este livro é a permissão de que você precisava. A pausa que faltava. E o reencontro que já começou – agora.

INTRODUÇÃO

Passei muitos anos da minha vida sentado diante de gigantes. Não gigantes em tamanho, mas em conquistas. Homens e mulheres que o mundo olhava com admiração, cujos nomes eram sinônimo de sucesso, poder, realização. Empresários que construíram impérios, artistas que encantavam multidões, terapeutas que guiavam almas perdidas. Eles chegavam com a postura de quem domina o palco da vida, com sorrisos que pareciam talhados em mármore, com histórias de vitórias contadas em capítulos brilhantes.

Meu trabalho, porém, nunca foi escutar apenas as histórias de sucesso, mas, sim, criar um espaço seguro onde a alma pudesse, enfim, tirar os sapatos apertados que ninguém via. E era ali, no silêncio instalado após as luzes dos holofotes se apagarem, que eu via a verdade nua e crua. Por trás da fachada impecável, por trás dos títulos e prêmios, muitas vezes havia um cansaço profundo, uma solidão inesperada, um vazio impossível de ser preenchido por meio de uma conquista externa. Eles se sentavam diante de mim, tentando manter a compostura, mas os olhos – ah, os olhos nunca mentem – suplicavam por algo que a boca, treinada para discursar sobre vitórias, não ousava pedir: permissão. Permissão para serem humanos. Permissão para dizer "não estou dando conta", "me sinto perdido", "não sei se esse sucesso todo valeu a pena". Permissão para admitir que, por trás do gigante que o mundo aplaudia, ainda existia uma criança assustada, buscando um colo que nunca encontrou.

E cada vez que eu testemunhava essa dor silenciosa, era impossível não reconhecer o eco da minha própria jornada. Porque eu também já estive lá. Eu também já vesti os sapatos apertados do sucesso que exige performance constante. Já fui o palestrante aplaudido de pé, o mentor que parecia ter todas as respostas, o profissional que carregava mais demandas do que a alma podia suportar. Eu também sorri para as fotos enquanto, por dentro, sentia o peso esmagador de tentar ser o que esperavam de mim.

Lembro-me vividamente de uma noite após um evento grandioso. O salão lotado, a energia vibrante, os aplausos ressoando como promessas de reconhecimento eterno. As pessoas vinham me abraçar, dizer que minhas palavras tocaram a vida delas, que eu era uma inspiração. E eu sorria, agradecia, tentava absorver aquele calor externo. Porém, ao chegar ao quarto de hotel, sozinho, no silêncio impiedoso depois da euforia, tirei os sapatos. E senti. A dor não era nos pés. Era mais funda. Era na alma. Um cansaço existencial que nenhum descanso físico poderia curar. Uma saudade imensa de mim mesmo, daquele Eduardo que sonhava com simplicidade, que ria sem motivo, que não precisava de um palco para se sentir vivo.

Ali, naquele quarto frio, diante do meu próprio reflexo no espelho, a verdade me atingiu com tudo: eu havia me perdido tentando ser a resposta para os outros. Havia me esquecido de ser a pergunta para mim mesmo. Havia trocado minha verdade pela validação alheia. Havia calçado, com orgulho e dor, os sapatos apertados do sucesso que silencia a alma. Sapatos que não eram meus. Sapatos herdados de modelos que admirei, sapatos impostos por expectativas que aceitei sem questionar, sapatos que usei para pertencer, para ser amado, para sentir que meu lugar no mundo estava garantido. Mas a que custo? Ao custo da minha própria paz. Ao custo da minha alegria genuína. Ao custo da minha conexão comigo mesmo.

Naquela noite, entendi que a dor de quem busca ajuda é, muitas vezes, a mesma dor de quem oferece ajuda. A diferença está apenas no momento em que temos a coragem de reconhecê-la. Entendi que muitos de nós caminhamos pela vida com esses sapatos apertados, herdados da infância, das mensagens familiares, das pressões sociais. E, quanto mais tempo os usamos, mais esquecemos como é sentir o chão sob os pés livres.

Foi essa compreensão, nascida da minha própria dor, que me permitiu acolher a dor dos outros sem julgamento. E é dessa travessia, minha e de tantos que acompanhei, que este livro nasceu. É um convite para tirar os sapatos. Sentir os pés machucados. Respirar fundo e dizer: “Chega de viver apertado”.

O SAPATO APERTADO

Essa sensação de aperto, essa dor que não é física, mas que estrangula a alma – talvez você também já a tenha sentido, mesmo sem saber nomeá-la. É a dor silenciosa de uma época que nos ensinou a comprar versões menores de nós mesmos, acreditando na promessa sedutora de que, um dia, elas iriam "lacear". Aguenta-se o desconforto inicial, força-se o sorriso, ajustam-se os passos a ritmos que não são nossos. No começo, a adaptação parece discreta, quase elegante, um sinal de maturidade, de jogo de cintura social. Mas os dias, os meses, os anos passam, e o sapato – seja ele um papel social, uma relação, uma carreira, uma crença autoimposta – não cede. É a alma que começa a sofrer.

A postura interna se adapta, o caminhar pela vida se torna tenso, defensivo. A dor se torna tão familiar que esquecemos sua origem, acreditamos que ela é parte de quem somos. E, sem perceber, moldamos nossa existência inteira ao limite de algo que nunca nos serviu de verdade. **Você já se percebeu fazendo isso, ajustando quem é para caber onde não havia espaço?**

Desde muito cedo, aprendemos que, para sermos aceitos, amados e pertencermos, precisamos nos ajustar. Não basta simplesmente existir. É preciso caber. E, para caber, vamos apertando a alma aqui, encolhendo a espontaneidade ali, recalculando sonhos, remendando a essência que um dia foi inteira. Essa adaptação, à primeira vista, parece proteção, estratégia de sobrevivência emocional. A criança que percebe que seu riso alto, sua curiosidade intensa, sua sensibilidade à flor da pele assustam ou desapontam os adultos ao redor, começa a esconder esses tesouros. O entusiasmo vira cautela, o desejo de criar se transforma em receio de errar. O medo da rejeição, esse fantasma antigo, passa a ditar comportamentos, gostos, até os pensamentos mais íntimos. **Lembra-se de alguma situação assim na sua infância, um momento em que sentiu que precisava ser menos você para ser aceito?**

O cérebro, essa máquina maravilhosa e complexa, aprende rápido essas regras não ditas. O sistema límbico, nosso centro emocional ancestral, registra: aceitação social é segurança; exclusão é ameaça de morte (simbólica, mas sentida como real). A amígdala cerebral, nosso detector de perigos, entra em alerta constante, associando a expressão autêntica a um risco. Cada vez que ousamos ser um pouco mais nós mesmos e sentimos o menor sinal de desaprovação, o sistema dispara: "Cuidado! Recue! Adapte-se para sobreviver!". **Em que momentos da sua vida adulta você ainda sente esse alarme tocar?**

E assim, aos poucos, vamos tentando caber nos silêncios em que não fazemos barulho, nas roupas que nos apertam à vontade, nas escolhas que já não carregam a assinatura da nossa alma. Esse esforço contínuo, essa performance silenciosa, gera uma tensão invisível. O córtex pré-frontal, nosso centro de comando consciente, vira um editor implacável: censura ideias "ousadas demais", recalcula gestos "intensos demais", analisa riscos sociais antes de cada palavra, antes de cada passo. Vivemos em modo "otimize-se para agradar", "aperfeiçoe-se para pertencer". **Consegue sentir essa tensão agora, talvez nos ombros, na mandíbula, um eco silencioso de tantas adaptações?**

O preço bioquímico dessa adaptação é altíssimo. O cortisol, hormônio do estresse, que deveria ser liberado apenas em picos de emergência, passa a circular cronicamente no sangue. Esse excesso silencioso não apenas desgasta nosso sistema imunológico, nos deixando mais vulneráveis física e emocionalmente, mas também altera nossa percepção da realidade. Passamos a ver o mundo por lentes mais ansiosas, defensivas, reativas. E o mais cruel: com o tempo, o sapato aperta tanto que a dor se torna a nova normalidade. Esquecemos como é caminhar com leveza. Acreditamos, no fundo da alma, que viver é isto mesmo: suportar, aguentar, sobreviver.

Só que não é. Se pararmos para escutar, de verdade, os sussurros do nosso corpo e das nossas emoções, perceberemos os sinais. Aquele cansaço persistente que nenhum fim de semana prolongado consegue curar. Aquela sensação incômoda de que falta algo essencial, mesmo quando a vida parece objetivamente "completa". Aquela angústia sem nome que visita nas madrugadas silenciosas, quando as máscaras sociais finalmente descansam. **Reconhece esses sinais em você? Em que momentos eles costumam aparecer?** Esses sinais não são fraquezas. São convites. Convites amorosos da vida para olharmos com coragem para aquilo que apertamos demais dentro de nós.

A filosofia, essa antiga arte de fazer perguntas essenciais, nos coloca diante de uma escolha silenciosa que define toda a nossa existência: viver para caber ou viver para florescer? Ser um reflexo moldado pelas expectativas alheias ou ser fiel à música única da própria essência? O existencialismo, de Kierkegaard a Sartre,[1] nos lembra de que a liberdade verdadeira não nasce da ausência de limites externos, mas da coragem interna de Ser.

---

1 Søren Kierkegaard (filósofo dinamarquês) e Jean-Paul Sartre (filósofo francês) são figuras-chave do existencialismo. (BRAINLY. Tarefa 28546109. [S. l.], [s. d.]. Disponível em: https://brainly.com.br/tarefa/28546109. Acesso em: 22 maio 2025.)

Não o ser adaptado, o ser conveniente, o ser socialmente aplaudido, mas o Ser autêntico – aquele que ousa existir com todas as suas luzes e sombras, mesmo sem a garantia do aplauso.

Paralelamente, a psicologia humanista, com mestres como o psicólogo norte-americano Carl Rogers, nos fala da **tendência atualizante**: essa força inata, presente em todo ser vivo, que nos impele a crescer, a nos expressar, a nos tornarmos mais plenamente nós mesmos. Essa força pode ser abafada pelas camadas de adaptação, pelas dores não curadas, pelos medos aprendidos, porém ela nunca é extinta. Continua pulsando, quieta, teimosa, esperando apenas uma fresta de permissão para voltar a florescer.

E quando damos esse espaço, quando começamos a escolher a nossa verdade em vez da nossa máscara, algo extraordinário acontece na nossa neurobiologia. Ao nos reconectarmos com nossa autenticidade, ativamos regiões importantes do córtex pré-frontal medial, associadas à autorreflexão, à autocompaixão, à compreensão profunda de quem somos. Em vez de vivermos sob o comando reativo da amígdala, com medo constante da rejeição, fortalecemos redes neurais que promovem calma interna, clareza de propósito e um sentimento genuíno de conexão com nós mesmos. O corpo responde quase imediatamente: os níveis de cortisol tendem a diminuir, a liberação de serotonina (ligada ao bem-estar) aumenta. Sentimos mais leveza, mais presença, mais vitalidade.

Viver a partir da essência, portanto, não é um luxo poético. É uma necessidade fisiológica, emocional e espiritual. E o ponto de partida para essa revolução interna, para essa volta para casa, é tão simples – e tão profundo – quanto parar, olhar para os pés da alma e fazer a pergunta que pode mudar tudo: “Esse sapato que estou usando... ele realmente é meu? Ou estou apenas tentando me deformar para caber nele?”. **Você já se fez essa pergunta com honestidade? O que ela desperta em você?**

O CUSTO INVISÍVEL DE ABANDONAR A PRÓPRIA ESSÊNCIA

A pergunta ecoa: “Esse sapato é realmente meu?”. E, claro, sair dele assusta. O sapato apertado, apesar da dor, tornou-se familiar. Ele moldou nossos passos, definiu nossos limites, criou laços – muitas vezes dolorosos, mas conhecidos. Ele nos deu a ilusão de pertencimento, mesmo que o preço fosse nossa própria liberdade.

Abrir mão dele exige uma coragem imensa. Coragem para sentir novamente o chão sob os pés, talvez ainda feridos pela adaptação. Coragem para caminhar sem a garantia de que todos aprovarão nossos novos passos. Coragem, acima de tudo, para confiar que, em algum lugar mais fundo que o medo, mais antigo que a dor, nossa alma ainda lembra como é andar livre.

Talvez, no começo, os passos descalços sejam inseguros, hesitantes. O chão da realidade, sem os filtros das expectativas alheias, pode parecer estranho, até hostil. As vozes da crítica - externas e internas - podem tentar nos puxar de volta para o conforto incômodo do sapato conhecido. A nostalgia do pertencimento fácil, mesmo que falso, pode bater à porta.

No entanto, aqui reside a beleza da travessia: cada passo autêntico, por menor que seja, cura um pouco da deformação invisível que a adaptação deixou. Cada escolha alinhada com a verdade regenera uma parte esquecida da nossa história. Cada respiração consciente no nosso próprio ritmo nos aproxima do que realmente significa viver.

Não se trata apenas de uma mudança externa, de cenário ou de companhia. É uma transformação interna radical - aquela que permite que a vida, finalmente, seja vivida como expressão da nossa essência, e não como tentativa desesperada de caber no molde dos outros. É um caminho. É uma travessia.

E qual é o custo de não fazer essa travessia? Qual preço pagamos quando continuamos a nos abandonar, a nos desviar da nossa própria nascente?

Imagine um rio caudaloso, cheio de força e vitalidade, que aos poucos vai sendo desviado do seu leito natural para alimentar canais artificiais. No início, a mudança parece pequena, talvez até útil. Mas, com o tempo, o rio principal perde a força original. Sua correnteza enfraquece, suas águas se tornam rasas, talvez até estagnadas. Ele não deixa de ser um rio, mas deixa de carregar a potência viva que o definia. A energia que antes o impulsionava agora se dispersa em caminhos que não são seus, em funções que não refletem sua natureza. Você já se sentiu assim, como um rio desviado, perdendo força vital ao seguir por caminhos que não eram seus?

Assim acontece com nossa essência. Quando nos desviamos do nosso fluxo natural para agradar, para caber nos moldes, para sobreviver às expectativas alheias, não desaparecemos. Continuamos a existir, a funcionar, muitas vezes com aparente sucesso. No entanto, perdemos aquela força vital invisível, aquela corrente interna que nos fazia sentir genuinamente vivos. Existimos, sim, mas de maneira morna, desconectada, fragmentada. E, um dia, quase sem aviso, acordamos com a estranha e incômoda sensação de que estamos presentes na vida, mas não estamos realmente vivendo.

Essa dor de se afastar de si mesmo é uma das mais sutis e, ao mesmo tempo, mais devastadoras que existem. Ela não grita como uma dor aguda; ela sussurra, persistente, nos intervalos da rotina, por trás das conquistas celebradas. Não aparece em diagnósticos médicos, não vira manchete, não é facilmente visível para o mundo. Entretanto, ela pulsa, latejante, na quietude das noites mal dormidas, na ansiedade disfarçada de produtividade excessiva, na tristeza sem nome que colore dias aparentemente normais. É o custo invisível, mas imenso, de abandonar a própria nascente, de desviar o rio da própria alma. Em que áreas da vida você sente esse custo mais presente? No trabalho? Nas relações? Na sua criatividade?

Essa desconexão constante, essa falta de alinhamento entre quem somos por dentro e como vivemos por fora, mantém nosso sistema interno em alerta. É como se o corpo vivesse em modo de sobrevivência, mesmo em tempos de paz aparente. E há algo ainda mais profundo: essa condição afeta nossa capacidade de nos percebermos com clareza. Começamos a esquecer quem somos, quais eram nossos sonhos originais, o que realmente fazia nosso coração vibrar. Você já se sentiu esquecendo de quem era em meio à correria e às adaptações?

Essa alienação de si cria o terreno fértil para o vazio existencial. Aquela sensação de deslocamento, de falta de sentido, de cansaço que persiste mesmo após as vitórias. Sofremos mais pela ausência de sentido do que pela dor que sentimos. E esse sentido não se encontra em mais conquistas externas, mas no retorno à fonte interna. A nossa angústia pode ser o sintoma dessa liberdade negada, dessa traição silenciosa à nossa autenticidade. Continuar nesse estado não apenas nos afeta, mas molda o mundo que criamos: relações superficiais, criatividade sufocada, trabalho como obrigação, vida tolerada em vez de celebrada. Ficamos presos na armadilha de saber que existe outro caminho, mas nos sentimos puxados de volta para os canais conhecidos, mesmo que nos sufoquem. Essa descrição ressoa com alguma fase da sua vida?

O movimento de volta, no entanto, é possível. Começa no ato de parar e perguntar: "Onde foi que me desviei?". Não com culpa, mas com curiosidade e compaixão. Práticas de autoconsciência e autoexpressão verdadeiras nos ajudam a reparar as trilhas internas da nossa identidade pessoal. Cada pequeno gesto de fidelidade ao que você sente reforça o caminho de volta para si. Cada microescolha consciente costura as rachaduras internas. Gradualmente, o vazio se preenche com presença. A fluidez retorna. A vitalidade ressurge. A vida, antes sobrevivida, volta a ser vivida.

O custo de abandonar a essência é alto, mas o de permanecer abandonado é insuportável a longo prazo. A escolha de voltar, por mais que assuste, está a um gesto de distância: o gesto de escutar, de parar, de retornar. Você não precisa reconstruir tudo hoje. Só precisa dar o primeiro passo. Há uma nascente viva esperando por você. E cada movimento em direção à sua verdade faz o rio da vida voltar a correr, limpo, forte, pleno. O convite está feito. Viver descalço, viver livre, vale cada instante da travessia. Você já sentiu o incômodo? Já reconheceu a dor de andar com sapatos que não eram seus? Já percebeu o cansaço silencioso de tentar caber? Se sim, talvez você esteja pronto para olhar para as raízes invisíveis disso tudo. Não para julgar o passado, mas para entender como reconstruir o futuro. Vamos juntos?

Perguntas poderosas para iluminar seu caminho

- Qual é o "sapato que não serve mais" – seja um antigo padrão, uma crença limitante ou uma situação desgastada – que você reconhece, neste momento, apertar os passos da sua alma e impedir seu fluxo natural de vida?
- Ao escutar o "murmúrio do seu rio interno" pedindo que volte ao leito original, qual foi o custo mais significativo desses desvios para sua vitalidade e autenticidade, e que anseio profundo por liberdade ele sussurra para você agora?
- Qual gesto, pequeno mas profundamente corajoso – como uma pausa intencional, uma respiração que o(a) reconecte ou uma pergunta honesta e sem filtros dirigida a si mesmo(a) –, você se permite oferecer **hoje** para começar a sentir o chão novamente e dar o primeiro passo no prazer libertador de "andar descalço(a)" em sua própria verdade?

CAPÍTULO 1

COFRE DOS CONCEITOS

O SAPATO APERTADO QUE CAUSA UM JEITO TORTO DE CAMINHAR PELA VIDA

Sabe aquele sapato que, de tão apertado, transforma o simples ato de caminhar em uma tortura silenciosa? Aquele que molda o pé, cria calos, muda o modo de pisar, mesmo quando você já o tirou? Assim são algumas experiências da vida. Elas entram, às vezes de maneira abrupta, como uma pedra no caminho, às vezes sutilmente, como a areia que se acumula dia após dia e, quando percebemos, estamos andando de um jeito diferente. O passo perdeu a leveza, o corpo se contraiu, a alma parece usar um número menor que o dela.

Este capítulo é um convite para olharmos juntos para esses "sapatos apertados" existenciais. Para encararmos como essas vivências que nos desestabilizam – um adeus inesperado, uma palavra que feriu fundo, a sensação de não pertencer, o medo paralisante, a autocrítica rotineira – deixam marcas em nós. Como tocam em cordas sensíveis que já vibravam baixinho em nosso interior, acordando dores antigas que talvez nem soubéssemos nomear. Falaremos aqui de três dores fundamentais, ecos profundos que essas experiências costumam despertar: a sensação de desamor, aquele frio na alma que duvida do afeto e da conexão; o desamparo, a sensação de impotência que nos faz sentir pequenos diante da vida; e a desvalorização, a voz interna que questiona nosso próprio valor, nossa suficiência.

Vamos caminhar juntos por essa paisagem interna. Não como quem disseca um mapa complicado, mas como quem reconhece um território familiar, talvez um pouco esquecido. Usaremos a sabedoria que já pulsa em nosso corpo e a luz que a ciência nos oferece – ferramentas amigas para iluminar o caminho. Falaremos da dança do sistema nervoso, que a teoria polivagal[2] nos ajuda a entender (pense nela como a música de fundo que nosso corpo toca, mostrando se estamos relaxados, alertas ou paralisados). Vamos escutar as mensagens que o corpo nos envia através dos marcadores somáticos. (Sabe aquela sensação na barriga ou no peito antes de algo importante? São como bilhetes urgentes do corpo baseados em experiências passadas.) Entenderemos melhor como pensamos e sentimos com o corpo inteiro, algo que a cognição incorporada nos revela (trazendo a ideia de que a mente não está só na cabeça, mas em cada célula!). Espiaremos a conexão invisível dos neurônios-espelho (o "Wi-Fi biológico" que nos faz sentir o bocejo ou o sorriso do outro). E olharemos com compaixão para a memória teimosa da "cicatriz viva" (a marca deixada por uma dor antiga não só na lembrança, mas no jeito como nosso corpo funciona hoje). Faremos isso não como uma aula, mas usando essas ideias como espelhos, para vermos com mais clareza o que já sentimos na pele. Porque a grande beleza dessa jornada é descobrir que o mesmo corpo que aprendeu a dor do "sapato apertado" carrega em si a sabedoria e a força para encontrar o alívio, para recalçar a vida com mais conforto e liberdade. Vamos?

A DANÇA INTERNA: DO PORTO SEGURO À TEMPESTADE

A vida é como uma orquestra. E nós somos os maestros do nosso próprio corpo. O neurocientista português António Damásio nos ensinou que as emoções não são apenas coisas da mente; elas deixam marcas profundas no corpo, como cicatrizes invisíveis que moldam nossas reações ao mundo. Vamos entender essa dança interna, desde a calmaria até a tempestade, e como podemos aprender a conduzir nossa própria melodia.

2 Desenvolvida pelo pesquisador de renome mundial e consultor científico chefe da Unyte Health, Dr. Stephen Porges, a teoria polivagal se concentra no que está acontecendo no corpo e no sistema nervoso e explica como nossa sensação de segurança, perigo ou ameaça à vida pode impactar nosso comportamento. A teoria polivagal nos dá uma estrutura científica que apoia a integração de terapias fisiológicas ("de baixo para cima") com abordagens cognitivas ("de cima para baixo") para ajudar a mudar e melhorar a maneira como nos sentimos, pensamos e nos conectamos com os outros. (POLYVAGAL Theory. **Integrated Listening**, [s.d.]. Disponível em: https://integratedlistening.com/polyvagal-theory/. Acesso em: 23 maio 2025. Tradução livre.)

Existe em nós um lugar de calma, um estado natural no qual o corpo respira tranquilo, como um lar, e no qual a mente se sente segura para explorar e se conectar. É aquele estado em que nossos ombros relaxam, um sorriso genuíno encontra o de outra pessoa e algo dentro de nós reconhece e espelha (são os tais neurônios-espelho em ação, criando essa ponte invisível de empatia!), aquele estado no qual sentimos que pertencemos. Esse é nosso "modo verde". A ciência nos diz que, quando estamos assim, nosso sistema nervoso (o maestro silencioso que cuida de tudo em nosso corpo, da respiração à digestão, sem que a gente precise pensar) está tocando uma melodia de calma e segurança. É como se ele dissesse: "Está tudo bem, você está seguro e é amado".

E, então, a vida acontece. Às vezes, ela vem com força, como uma onda que nos derruba ou uma correnteza que nos arrasta. Uma palavra dura, um olhar de desaprovação, a sensação de ser deixado de lado – tudo isso pode disparar um alarme interior. Nosso radar interno, um mecanismo incrível chamado neurocepção (é como o "sexto sentido" do nosso corpo, pois detecta de modo automático segurança ou perigo no ambiente, nos outros e em nós mesmos), capta o sinal de ameaça, e o corpo, instantaneamente, muda de música. Saímos do "verde".

Quando a ameaça é grande, entramos no "modo amarelo", o modo de luta ou fuga. É como se nosso corpo recebesse uma dose de "combustível de foguete" (a adrenalina), preparando-nos para lutar ou correr. O coração dispara, os músculos ficam tensos. Nosso corpo está fazendo de tudo para se defender da dor.

Mas e se a ameaça for tão esmagadora que nos sentimos completamente impotentes? Aí, nosso corpo pode puxar o freio de mão e entrar no "modo vermelho", o modo de desligamento ou congelamento. O corpo fica pesado, a energia some, a respiração quase para. É o corpo dizendo que "não há o que fazer" – a expressão mais crua do desamparo. É o silêncio interno diante de um desamor ou de uma desvalorização que nos pareceu fatal.

E enquanto essa música interna muda drasticamente, enquanto a química do corpo ferve ou congela, algo mais acontece: o corpo aprende. Cada sensação física – o aperto no peito, a paralisia nas pernas, o rosto queimando de vergonha – passar a ser associada àquela situação, àquela ameaça específica. É o marcador somático, como nos ensinou Damásio. Pensem nisso como um atalho rápido para o futuro: "Isso aqui (a situação) = Aquela dor ali (a emoção) = Cuidado!". Nossa postura muda, nossos pensamentos se alteram e até a capacidade de nos conectarmos com os outros pode ser prejudicada. É como se a ferida estivesse sendo ativada em todos os níveis.

O evento externo pode até ter passado rapidamente, mas a lição interna foi gravada. O corpo aprendeu a melodia da dor associada ao desamor, ao desamparo, à desvalorização. Uma inscrição foi feita não só na memória que contamos, mas também na memória que sentimos. E como essa inscrição, essa melodia aprendida na dor, começa a tocar repetidamente, mesmo quando a música ambiente já mudou? Como o passado se instala na nossa pele e começa a ditar o ritmo do nosso presente? Vamos sentir isso juntos na próxima parte da nossa travessia

A CONSOLIDAÇÃO DAS FERIDAS NO CORPO E NA PERCEPÇÃO: QUANDO O PASSADO MORA NA PELE

Então, a tempestade passou. O evento externo ficou para trás no calendário da vida. Mas e a música interna? E a "lição" que o corpo aprendeu na carne, na química, nos nervos? É aqui que a verdadeira jornada começa, porque essa impressão inicial, se não encontra espaço para ser digerida, integrada, chacoalhada como um tapete que precisa liberar a poeira, não some. Ela se assenta. Ela se infiltra. Ela começa a morar dentro de nós, não como uma lembrança que visitamos, mas como o próprio ar que respiramos, a própria pele que habitamos. O passado se torna um presente contínuo, uma "cicatriz viva" (um termo do psiquiatra norte-americano Bessel van der Kolk para descrever como o trauma não é só memória, mas uma marca ativa que continua a impactar nossa fisiologia hoje).

Pense nessa cicatriz não como algo fechado e quieto, mas como um ponto sensível, uma área do nosso ser que continua a vibrar na frequência daquela dor original – a dor do desamor, do desamparo, da desvalorização.

O corpo, na sua infinita sabedoria de tentar nos proteger, pode acabar mantendo o "alarme" (o SNA) ligado, mesmo sem fogo por perto. Nosso sistema nervoso pode ficar meio "emperrado" em um modo de defesa.

Talvez ele fique preso no "amarelo" da vida (o modo simpático do SNA). Sabe aquela sensação de estar sempre com o motor ligado, uma ansiedadezinha (ou ansiedadezona) que não vai embora, uma tensão nos ombros, pronto para brigar ou para fugir? Muitas vezes, essa é a assinatura corporal da ferida do desamor ou da desvalorização à espreita. O corpo antecipa a rejeição, a crítica, e se arma até os dentes, bioquimicamente falando (com mais sensibilidade à adrenalina, noradrenalina e com o eixo HPA – aquele sistema de estresse mais lento – disparando mais fácil e liberando mais cortisol). Ou talvez defendamos com unhas e dentes nosso pequeno espaço de controle, com medo daquela sensação avassaladora de impotência do desamparo.

Ou, quem sabe, o caminho mais trilhado seja o do "vermelho" (o modo vagal dorsal do SNA). Aquele cansaço que não passa com o sono, a sensação de peso, de desconexão, como se a vida estivesse acontecendo do outro lado de um vidro fosco. É o corpo que aprendeu que lutar ou fugir era inútil. É muitas vezes a morada física do desamparo profundo, a rendição fisiológica. Ou, ainda, talvez seja a única maneira encontrada para não sentir a dor lancinante de um desamor ou de uma desvalorização que parecia insuportável – um desligamento protetor, muitas vezes até com ajuda dos nossos opioides endógenos (aliás, sabe aquele alívio da dor que seu corpo produz naturalmente? É obra dos opioides endógenos, os analgésicos naturais do corpo), mas que nos rouba a vitalidade.

E, para muitos de nós, a vida vira uma dança exaustiva entre esses dois extremos: a agitação ansiosa do amarelo e o colapso estafante do modo vermelho. Uma montanha-russa interna que nos esgota, com raras visitas ao vale sereno do modo verde (o estado vagal ventral, nossa base de segurança e conexão). O corpo está exausto dessa gangorra, nunca encontrando um porto seguro real. Essa gangorra tem um preço. O eixo HPA (o sistema de estresse) trabalhando sem parar (ou entrando em pane) desregula nosso equilíbrio interno. A inflamação sorrateira, a imunidade que vacila, o sono que não repara, a digestão que reclama – tudo isso pode ser o corpo sinalizando o peso dessas feridas emocionais não curadas. A cicatriz viva dói no corpo.

E como essa paisagem interna alterada colore nossa visão de mundo? Aqui entram em cena aqueles marcadores somáticos (os "carimbos" corporais da dor original). Agora eles funcionam como sensores hipersensíveis, afinados para detectar qualquer coisa que lembre, mesmo de longe, a ameaça à nossa ferida nuclear. Uma palavra, um olhar, um silêncio... e zapt! O marcador dispara. E não é só uma lembrança mental; é o corpo revivendo aquela sensação física específica: o encolhimento da desvalorização, o aperto no peito do desamor, a paralisia do desamparo. Essa reação, que é como um raio, mais rápida que o pensamento, distorce nossa percepção do presente. O mundo parece confirmar nossa ferida, porque nosso corpo está reagindo como se ela estivesse sendo atacada novamente, aqui e agora.

É a nossa neurocepção (aquele radar interno de que falamos, parte da teoria polivagal) funcionando como um filtro. Em vez de neutro, ele está buscando ativamente por sinais que validem nossa dor principal. Espera rejeição (desamor), perigo (desamparo), crítica (desvalorização). E como somos mestres em encontrar aquilo que procuramos, sobretudo no terreno ambíguo das interações humanas, a vida parece nos dar razão. Nossa "janela de tolerância" (a capacidade que o sistema nervoso tem de lidar com o estresse sem sair do modo verde da calma) fica estreita. Pequenos estresses que tocam na ferida nos jogam para fora do eixo, de volta para a fisiologia da defesa.

E nós somos esse corpo. Nossa postura talvez se curve sob o peso do desamparo, ou se arme contra o mundo por medo do desamor, ou se encolha na tentativa de desaparecer da desvalorização. A cognição incorporada (a ideia de que corpo e mente são inseparáveis na experiência) nos mostra: não dá para separar o que sentimos no corpo daquilo que pensamos nem do modo como agimos. O corpo se torna a casa visível da nossa dor crônica.

Isso afeta até nosso "Wi-Fi social", nossos neurônios-espelho (aquelas células cerebrais que nos ajudam a sentir o que o outro sente e a nos conectar). Se estamos imersos na frequência da nossa ferida, como podemos realmente sintonizar com a alegria, a calma, a segurança do outro? Talvez desconfiemos do afeto genuíno, porque ele não "combina" com nossa sensação interna de desamor. Talvez interpretemos mal as intenções alheias através da lente do desamparo ou da desvalorização. A dança da corregulação (o processo de acalmar e ser acalmado pela presença segura do outro, uma função-chave do nosso modo verde, o vagal ventral) fica desajeitada, difícil. E o isolamento que resulta disso só alimenta ainda mais a ferida original.

Percebe a teia? A ferida inicial deixou de ser um evento para se tornar um estado de ser. A biologia alterada (cicatriz viva) mantém a dor ativa. Os gatilhos corporais (marcadores somáticos) a reacendem no presente. A percepção enviesada (neurocepção) nos faz ver o mundo através dela. E nosso corpo e nossas relações acabam por expressá-la (via cognição incorporada e neurônios-espelho). O palco está montado. Estamos vivendo em um padrão defensivo, centrado na dor antiga. E como esse padrão vira um filme que se repete sem parar, criando a "prisão" de um roteiro de vida que não escolhemos? Vamos sentir essa dinâmica no próximo passo da nossa caminhada.

O LOOP DAS FERIDAS E A CRIAÇÃO DO SCRIPT DE VIDA: PRISIONEIROS DE NÓS MESMOS

Então, o passado fincou raízes em nossa pele. A cicatriz viva pulsa baixinho, nossa biologia (o SNA e o eixo HPA, nossos sistemas de resposta rápida e lenta ao estresse) aprendeu a melodia da defesa, e nossos sensores internos (os marcadores somáticos no corpo, a neurocepção como nosso radar) ficaram sintonizados na frequência daquela dor antiga – desamor, desamparo, desvalorização. Vivemos agora em um corpo que carrega a assinatura da ferida. No entanto, essa assinatura não é estática; ela é a força motriz por trás de uma dança que, sem percebermos, repetimos dia após dia. Uma dança que cria círculos viciosos, verdadeiros loops que nos prendem, e que acaba por escrever um roteiro para nossa vida – um script que não escolhemos, mas que passamos a seguir como se fosse a única peça em cartaz.

Imagine novamente carregar a sensibilidade do desamor. Seu corpo já conhece o alerta (talvez aquele modo simpático do SNA que deixa você em prontidão), seu radar (neurocepção) busca por sinais de afastamento, seu peito guarda a memória do aperto da rejeição (o marcador somático específico). O que acontece quando a vida toca nesse ponto?

A dança repetida da ferida (o loop)

- O toque (gatilho): Alguém que você ama parece distante, ou talvez você receba um feedback que soa vagamente crítico. Para sua neurocepção, afinada pelo medo do abandono, isso não é só um detalhe; é um alarme soando.
- A música interna (ativação): Quase instantaneamente, antes que você pense, seu corpo responde. Aquele marcador somático do desamor é ativado. O aperto no peito, o frio na barriga. Seu SNA joga você para o amarelo da ansiedade ou para o vermelho do medo paralisante. A química do estresse (adrenalina, talvez cortisol) volta a circular. Seu corpo está sentindo a dor da rejeição agora, mesmo que ela seja apenas uma possibilidade remota ou uma interpretação.
- Os passos da defesa (comportamento reativo): E o que fazemos quando sentimos essa dor visceral? Tentamos desesperadamente não sentir, ou, pelo menos, controlá-la. Nossos passos são guiados por essa urgência interna: talvez nos agarremos ao outro, buscando confirmação ("Você me ama? Mesmo?"), talvez provoquemos uma briga para testar os limites ("Vamos ver se você fica!"), talvez nos fechemos em copas ou fujamos antes de sermos feridos ("Vou sair antes que me deixem"), ou talvez nos esforcemos ao máximo para sermos a pessoa perfeita, agradável, indispensável, na esperança de merecermos o amor e evitarmos o abandono.
- O resultado (consequência confirmatória): Só que essa dança reativa, nascida do medo, raramente nos leva para onde queremos ir. A carência sufoca, o drama desgasta, a fuga garante a solidão, o agradar constante nos esvazia e impede a troca real. O resultado final, muitas vezes, espelha ironicamente o medo inicial: a conexão se fragiliza ou se rompe. E a ferida do desamor parece gritar: "Eu avisei!".
- A repetição (reforço): Cada vez que a dança termina assim, a crença de que o amor é perigoso se aprofunda. O marcador somático fica ainda

mais sensível. A neurocepção, mais enviesada. O caminho neural dessa resposta se torna a trilha mais batida na floresta da nossa alma. O loop se fecha, pronto para recomeçar ao próximo gatilho.

Essa mesma lógica cruel se aplica a outras feridas. O desamparo nos leva a evitar desafios, sentindo a paralisia no corpo (aquele modo vagal dorsal do SNA sendo ativado), o que nos impede de desenvolver novas habilidades, reforçando a sensação de que não somos capazes. A desvalorização nos faz buscar a perfeição ou nos esconder com medo da crítica, sentindo a vergonha queimar na pele (uma mistura complexa de respostas do SNA), o que nos leva à exaustão ou à autossabotagem, confirmando no final que "não somos bons o suficiente". É uma prisão que nós mesmos, sem querer, ajudamos a construir e a manter.

A HISTÓRIA QUE CONTAMOS A NÓS MESMOS (A VOZ DA FERIDA)

A mente, sempre buscando sentido, não consegue apenas viver essa dor repetida sem tentar explicá-la. É aí que nascem as crenças limitantes. Elas são as histórias que a mente cria para dar sentido à sensação corporal crônica da ferida e aos resultados dolorosos dos nossos loops. São, essencialmente, a voz da ferida falando por meio dos nossos pensamentos:

- A voz do desamor sussurra: "Ninguém vai ficar...", "Não sou bom(boa) o bastante para ser amado(a) assim, do jeito que sou...", "Tenho que me moldar para caber...".
- A voz do desamparo murmura: "Não vou dar conta...", "É perigoso demais tentar...", "Preciso de alguém para resolver isso por mim...".
- A voz da desvalorização critica: "Sou uma fraude...", "Cometo erros demais...", "Se souberem quem eu sou de verdade...", "Tenho que ser perfeito(a)...".

Essas não são verdades sobre quem somos; são as conclusões lógicas (ainda que dolorosas) de uma mente tentando entender por que o corpo se sente como se sente e por que a vida parece repetir certos padrões. Mas, odiadas ou não, essas crenças viram os óculos através dos quais lemos o mundo.

O ROTEIRO INVISÍVEL (O SCRIPT DA FERIDA ENCARNADO)

Esse conjunto de crenças, nascido da dor e dos loops, vira nosso script de vida. É um roteiro interno, um manual de operações não oficial que guia nossas expectativas, decisões e reações. Ele nos diz o que esperar de nós mesmos, dos outros e da vida, baseado na ferida predominante. E o mais poderoso é que, como a cognição incorporada (lembra? A ideia de que mente e corpo são um só na experiência) nos mostra, esse script não é só uma ideia; ele é vivido no corpo. A postura hesitante do desamparo. A tensão defensiva da desvalorização. A busca ou a evitação física do contato no desamor. Nosso corpo se torna o palco no qual o script é encenado dia após dia. A fisiologia da ferida alimenta o script, e o script vivido no corpo reforça a fisiologia da ferida, em um ciclo que parece não ter fim.

A DANÇA A DOIS (NEURÔNIOS-ESPELHO E A ATRAÇÃO DAS FERIDAS)

E, claro, esse script afeta como dançamos com os outros. Nossos neurônios-espelho (aquele sistema cerebral que nos permite "sentir com" o outro), que deveriam facilitar a conexão e a empatia, podem acabar nos sintonizando com dinâmicas que confirmam nossas feridas. Inconscientemente, podemos "transmitir" vulnerabilidade (desamor, desamparo, desvalorização) e atrair pessoas que têm scripts complementares (por exemplo, alguém com necessidade de controlar pode se sentir atraído por alguém que expressa desamparo; alguém crítico pode se sentir atraído por alguém que exala desvalorização). Podemos ter dificuldade em registrar ou confiar em sinais de segurança, amor ou validação vindos dos outros, porque nosso sistema está sintonizado na frequência da ferida. Recriamos, sem perceber, as mesmas "danças" relacionais dolorosas que aprendemos no passado.

Assim, a ferida consolidada gerou o loop. A fisiologia da dor (SNA/marcadores) dispara comportamentos reativos que, paradoxalmente, trazem mais dor, o que leva a mente a criar crenças limitantes (a voz da ferida) que formam um script de vida. E esse script agora é vivido no corpo e reencenado nas relações. A prisão invisível está montada, com suas grades feitas de biologia, percepção e comportamento, tudo girando em torno da dor original. É um lugar escuro e apertado, como aquele sapato que nos impede de correr livres.

Perguntas poderosas para iluminar seu caminho

- Ao revisitar sua história com um olhar de maior compreensão, quais "marcas silenciosas" específicas, deixadas por experiências passadas de desamor, desamparo ou desvalorização, você consegue identificar e nomear em sua trajetória?
- De que maneiras concretas você percebe que essas "cicatrizes" emocionais do passado ainda influenciam suas reações, seus sentimentos e suas escolhas no presente, talvez limitando a plena expressão da sua verdadeira essência?
- Qual é o primeiro passo, por menor e mais gentil que seja, de autocompaixão que você se permite dar hoje para começar a acolher essa dor antiga, abrindo um novo espaço interno para que sua verdadeira essência possa, finalmente, respirar com mais liberdade e vitalidade?

CAPÍTULO 2

A DOR QUE NÃO TEM NOME E A VERDADEIRA MOEDA DO AMOR

Há feridas que se instalam na alma não pelo golpe direto, mas pela geada de um olhar que nos marginaliza, pelo eco de um silêncio que nos aparta, pela sutileza de uma palavra que nos tatua como "exóticos demais" para o abraço do pertencimento. Eu senti essa dor vibrar em cada célula, em um espaço que deveria ser de confluência e celebração, mas que, para mim, se tornou o espelho frio do quanto o mundo, por vezes, ainda se encolhe diante do que não consegue catalogar ou dominar.

Foi durante um congresso de alcance mundial, um lugar onde desembarquei com o coração transbordando da mais pura esperança de um desejo vívido de partilhar, que a vida me ensinou, da maneira mais crua: o amor, ou neste caso a aceitação, e o respeito genuínos frequentemente chegam com uma etiqueta de preço. E a condição mais dolorosa é a exigência velada de silenciarmos nossa verdade mais profunda para sermos acolhidos.

Eu estava ali, alma exposta, pronto para ofertar o que pulsava de mais autêntico em mim. Anos de dedicação, de prática sentida, de imersão nos mistérios do ser humano, tudo condensado em uma mensagem que não carregava apenas erudição, mas a chama da paixão, o farol do propósito, a fé inabalável de que poderíamos, juntos, tecer pontes onde antes só existiam abismos. O palco era grandioso; a plateia, um conjunto de mentes brilhantes. E eu, apesar do frio na barriga natural de quem se desnuda em público, sentia-me em casa, em sintonia com algo que me transcendia. Contudo, essa casa tinha suas regras não escritas, seus guardiões invisíveis de um legado que não tolerava desvios de rota. E minha maneira de enxergar, de sentir e de traduzir o conhecimento em vivência não se encaixava com perfeição nos seus moldes predefinidos. Eu trazia a melodia da emoção onde, talvez, esperassem a rigidez da razão pura. Eu trazia o sopro da espiritualidade onde, quem sabe, desejassem apenas a estrutura da técnica. Eu trazia a inteireza da humanidade onde, possivelmente, preferissem o verniz da formalidade.

Não demorou para que a atmosfera mudasse, para que eu sentisse o ar ficar mais denso. Um olhar de soslaio aqui, um comentário gélido acolá. Até que a palavra veio, não como uma flecha afiada, mas como um bloco de concreto que me atingiu em cheio: "Ortodoxia". Não a palavra em si, mas a carga que ela continha naquele instante. Era um selo. Uma sentença proferida em silêncio: "Você não é um dos nossos. Você não dança conforme nossa música. Você é... diferente". E o que se desenrolou em seguida foi ainda mais cortante: o silêncio conivente daquela assembleia. Nenhuma voz se ergueu em questionamento. Ninguém advogou pela riqueza da diversidade de pensamento. Ninguém ousou romper a bolha da conformidade. Naquele exato momento, todo o meu entusiasmo, toda a minha entrega e toda a minha história pareceram se esvanecer no ar. Eu deixara de ser um profissional compartilhando sua visão; era apenas "o diferente". O estranho no ninho. Aquele cuja voz destoava da sinfonia esperada. Um vazio gelado me tomou o peito, uma solidão que feria mais do que qualquer crítica direta. Era a dor lancinante de não ser visto. De ser reduzido a um rótulo que anulava a tapeçaria complexa de quem eu era.

O corpo reagiu antes que a mente pudesse processar. Os ombros curvaram-se sob um peso invisível, a respiração tornou-se superficial, a garganta se fechou. Uma parte de mim ansiava por gritar, por argumentar, por defender meu espaço sagrado. Porém, outra parte, lapidada pela vida a sobreviver em territórios hostis, sussurrou com urgência: "Engula a dor. Não demonstre. Se perceberem sua ferida, será ainda pior". E assim o fiz. Retornei ao meu lugar, esbocei um sorriso neutro, agi como se nada tivesse me abalado. Vesti a máscara do profissional inabalável. Mas, por dentro, minha alma soluçava.

Naquela noite, na quietude do quarto de hotel, a dor veio com a força de uma avalanche. Não foi um choro de autopiedade, mas um pranto de luto. Luto pela ingenuidade esmagada, pela ilusão de que o conhecimento, por si só, abriria todas as portas, pela constatação dolorosa de que o receio do que é diferente ainda aprisiona tantos espaços que se autoproclamam "evoluídos". No entanto, em meio às lágrimas, algo novo começou a brotar. Uma clareza cristalina. Uma decisão inabalável. Compreendi, com uma profundidade que apenas a dor pode nos ensinar, que o amor que impõe condições não é amor. É uma negociação de poder disfarçada de afeto. É um contrato invisível que exige que você ampute partes de si para continuar pertencendo. E eu não desejava mais esse tipo de pertencimento. Se para fazer parte de um círculo eu precisasse esconder minha essência, então preferiria a dignidade da minha própria companhia. Preferiria construir meu próprio círculo, um lugar no qual a verdade pudesse respirar sem amarras. Aquele rompimento, embora doloroso, foi profundamente libertador. Ele me ensinou que o amor verdadeiro não aprisiona em condições; ele celebra a beleza da diferença.

Minha experiência naquele congresso, a dor de ser rotulado e excluído, é reflexo da ferida universal que chamamos de desamor. Essa não é a ausência completa de afeto, mas a dor muito mais sutil e corrosiva do amor condicional – a crença de que, para sermos aceitos e amados, precisamos nos ajustar, performar e esconder partes de nós. Essa ferida traumática, quando não cuidada, nos desestabiliza por uma vida inteira, aprisionando-nos em um looping de busca por aprovação que suga nossa energia vital, até que tenhamos a coragem de decidir restabelecer o equilíbrio a partir de dentro.

QUANDO AMAR DEIXA DE SER UM FLUXO NATURAL

Essa jornada, na qual o carinho parece ter um preço e o pertencimento exige que modelemos nossa voz e nossa verdade mais íntima, não é exclusividade dos grandes palcos ou dos ambientes profissionais ferozmente competitivos. Ela, muitas vezes, lança suas primeiras raízes em nossa infância, de maneira muito mais sutil, porém igualmente dolorosa, minando aos poucos a crença fundamental de que somos dignos de amor simplesmente por existirmos, por sermos quem somos.

Nenhum de nós chega a este mundo acreditando que precisa comprar afeto ou performar para ser querido. Nascemos inteiros, como um bebê que expressa as necessidades e alegrias sem filtros, confiando plenamente na sua dignidade inerente, no seu direito de ser. Mas, gradualmente, em pequenos cortes quase imperceptíveis na alma, aprendemos que o amor pode, sim, ter condições. Talvez naquele olhar apressado quando buscávamos apenas um pouco de atenção, naquela comparação implícita com alguém que parecia "melhor", naquele elogio que só surgia após um comportamento específico, quase como uma recompensa. A mensagem subliminar vai sendo gravada em nosso ser mais profundo: "Ser apenas você não é o bastante. Para ser amado, você precisa se ajustar, se esforçar, merecer".

A alma infantil, ainda desprovida das defesas racionais da maturidade, sente essa condicionalidade como uma ameaça direta à segurança, à própria sobrevivência emocional. O vínculo afetivo é vital, é nosso oxigênio emocional, e, quando ele parece condicionado, nosso sistema interno dispara o alarme de perigo. O corpo, sábio em sua linguagem, aprende e registra: "É perigoso ser quem eu realmente sou. Preciso me adaptar para ser aceito, para sobreviver". E é assim que uma experiência infantil de amor condicional planta a semente para o looping adulto da busca incessante por aprovação, uma prisão invisível que passaremos a vida tentando, em vão, decorar.

Essa ferida do desamor, do amor condicionado, se infiltra em todas as áreas da existência: nos relacionamentos amorosos, em que o medo da perda nos leva a aceitar migalhas ou a tentar incessantemente ser o parceiro perfeito; no trabalho, em que o sacrifício extremo se torna a moeda de troca por um reconhecimento que parece sempre escapar por entre os dedos; nas amizades, em que a necessidade de ser útil ofusca a beleza da conexão genuína. A vida pode se transformar em um grande palco, em que o aplauso externo é a única validação que realmente conta, uma performance automática que, no fundo, esconde uma dor profunda e silenciosa.

A cicatriz viva dessa experiência se manifesta em nosso corpo, na tensão crônica dos ombros, no sorriso que não alcança os olhos, na ansiedade difusa que não tem nome. Antigos *scripts* de sobrevivência são reforçados a cada novo gatilho emocional: "Você não é importante de verdade", "Nunca é o suficiente", "Esforce-se ainda mais, quem sabe assim...". O corpo permanece em estado de alerta constante, como um soldado em território inimigo. O paradoxo cruel é que, mesmo quando o amor verdadeiro e incondicional se apresenta, a mente ferida desconfia, tem dificuldade em recebê-lo plenamente, aprisionada na busca incessante por sinais de uma rejeição iminente. O desamor vivido lá atrás, naqueles momentos formadores, molda profundamente nossa capacidade de amar e de nos sentirmos amados hoje, criando um roteiro invisível que nos faz sabotar projetos, evitar amores que poderiam nos nutrir, reduzir o tamanho dos nossos sonhos. Ele troca a potência radiante de ser quem somos pelo esforço exaustivo de agradar, resultando em uma vida que pode até parecer bela por fora, mas que carrega o peso da solidão e uma sensação persistente de insuficiência por dentro.

Olhar para essa ferida com compaixão e coragem é o primeiro passo fundamental para entendermos por que, às vezes, o amor parece uma miragem distante. Não por uma suposta falta dele no mundo, mas pela dúvida interna que ainda ecoa em nosso peito: "Mereço ser amado, simplesmente por ser quem sou?". Esse padrão, que nos desestabiliza por tanto tempo, só encontra seu fim quando reconhecemos essa dor, essa pergunta que pulsa em silêncio. Esse reconhecimento é o início de uma jornada de cura, o primeiro raio de luz que só pode ser plenamente ativado quando decidimos restabelecer o equilíbrio, não mais buscando o amor fora, mas cultivando-o dentro de nós.

BUSCAR APROVAÇÃO COMO ESTILO DE VIDA: A PRISÃO INVISÍVEL QUE CONSTRUÍMOS

Quando essa ferida primordial do não amor, da falta de um olhar que nos valide em nossa inteireza, não encontra espaço para cicatrizar com a ternura da autocompaixão, a busca por aprovação pode deixar de ser um movimento ocasional para se transformar no próprio eixo em torno do qual nossa vida gira. É como se a vida se tornasse uma busca incessante, um estilo de existir mudo, muitas vezes inconsciente, no qual cada ação, cada escolha, cada sonho é meticulosamente filtrado pela pergunta implícita: "Isso vai me garantir a aceitação dos outros?". A pessoa acorda, trabalha, ama, não apenas vivendo suas experiências, mas tentando, em uma maratona exaustiva, provar seu valor, ser boa o suficiente, interessante o suficiente, aceitável o suficiente. Não se trata mais de uma busca saudável por autoaperfeiçoamento; trata-se de uma luta desesperada pela validação do próprio direito de existir. E essa luta invisível cansa profundamente a alma.

Essa dinâmica corrosiva afeta, em primeiro lugar, a nossa relação mais importante: aquela que temos com nós mesmos. A voz interna, que deveria ser nossa maior aliada, uma fonte de apoio e autoaceitação incondicional, transforma-se em um juiz implacável, sempre com o dedo em riste, apontando a falha, a insuficiência, o "defeito". Aquele crítico interno, tão familiar para tantos de nós, não é mesmo? O autoamor, nesse cenário, parece um luxo inatingível, uma recompensa condicionada a uma perfeição que, por sua própria natureza, nunca chega. A autoestima torna-se frágil como cristal, dolorosamente dependente dos aplausos externos para se sustentar minimamente.

Na dança das relações com os outros, o roteiro da autoanulação se desenrola de maneira quase automática: dizemos "sim" quando coração grita "não", rimos de piadas que não têm graça, oferecemos mais do que temos para dar, tudo movido pelo medo avassalador do abandono, da crítica ou da rejeição. A intimidade genuína, aquela que floresce na vulnerabilidade e na aceitação mútua, cede espaço para a performance constante de ser quem o outro espera que sejamos.

No grande palco do mundo, a pessoa vive em estado de alerta permanente, em que as conquistas trazem apenas um alívio fugaz e os erros, por menores que sejam, parecem catástrofes de proporções épicas. O trabalho se converte em um campo de batalha pela validação; a vida social, em uma passarela na qual cada passo é calculado. E a alma, exausta de tanto tentar caber em moldes que não são seus, vai se tornando árida, sedenta de si mesma.

Esse padrão, acredite, é um eco coletivo, o reflexo de uma cultura que, por gerações, nos sussurrou que o amor é um prêmio a ser conquistado, não um direito inato. Nosso sistema interno, desde muito cedo, aprendeu esta lógica distorcida: o medo da rejeição é registrado como uma ameaça vital à nossa sobrevivência emocional; agradar, por sua vez, torna-se a estratégia mais segura, o caminho aparentemente mais fácil. Escolhemos trilhas não pelo que de fato nutre nossa alma, mas pelo que parece garantir a tão cobiçada aceitação.

Essa busca repetida e quase compulsiva por aprovação cria circuitos neurais automáticos de comparação e medo. Nosso sistema interno de satisfação e bem-estar fica desregulado, buscando o alívio temporário e superficial da validação externa, em vez da alegria profunda e sustentável que brota da autenticidade. É por isso que o vazio persiste, mesmo diante do sucesso aparente: o amor buscado lá fora, nos olhos dos outros, jamais preencherá o buraco que existe dentro de nós.

Essa dinâmica tece, fio a fio, uma prisão invisível cujas grades são feitas dos nossos próprios medos e inseguranças. Vivemos para os olhos dos outros, esperando ansiosamente nos encontrar em seu reflexo, mas, na maioria das vezes, só encontramos as projeções e expectativas deles. Aceitamos o indesejado para não desagradar, postamos sorrisos que não refletem nossa verdade interior. Quanto mais repetimos esse comportamento, mais fortalecemos as redes internas da dependência emocional e do medo paralisante, e mais a estrada da autenticidade, do reencontro com nossa essência, se torna um matagal denso e intransponível. É um círculo vicioso que começa em nome da busca por amor e, ironicamente, termina em profunda solidão emocional.

PERGUNTAS PODEROSAS PARA ILUMINAR SEU CAMINHO

Ao contemplar essa "armadura invisível" que você pode ter construído ao longo da vida, forjada na busca incessante por aprovação, em quais áreas da sua existência você sente mais intensamente o peso dela? Como essa carga afeta sua energia vital, sua espontaneidade e a livre expressão da sua alegria de ser quem você é?

Em que momentos específicos ou em quais relacionamentos a necessidade de "merecer para pertencer" ainda dita suas escolhas de maneira mais contundente? De que maneira isso talvez leve você a sufocar sua voz interior ou a agir de maneira desalinhada com a verdade que pulsa em sua alma?

Qual passo de coragem, pequeno porém profundamente significativo, você se compromete a dar a partir de hoje para começar a "desabotoar" essa armadura, permitindo-se respirar o ar mais leve e expansivo de um amor-próprio incondicional, apenas a sua presença autêntica e luminosa no mundo?

CAPÍTULO 3

O DESAMPARO E A MOEDA DA CORAGEM

Há travessias em nossa jornada que nos desafiam de maneiras que jamais poderíamos prever. Não são os aplausos dos grandes palcos ou as vitórias celebradas que, por si só, revelam a fibra mais íntima da nossa força. Muitas vezes, é no silêncio da absoluta vulnerabilidade, quando nos sentimos pequenos, desorientados, quase invisíveis em meio ao turbilhão do mundo, que descobrimos tesouros escondidos na alma. Foi em uma dessas encruzilhadas da vida, no coração de uma estação de trem monumental em Milão, que o universo me presenteou com uma das lições mais preciosas sobre a coragem que reside no medo e a beleza insuspeita que floresce na conexão humana.

Receber o convite para conduzir um treinamento em Milão, para muitos, soaria como um sonho dourado. Itália! Europa! Para mim, naquele tempo, a notícia ressoou como um trovão em céu azul, daqueles que anunciam tempestade. Eu jamais havia pisado naquele continente. A simples ideia de navegar por um território desconhecido, com um idioma que eu apenas balbuciava e uma cultura que me era um enigma, acionou todos os sinos de alarme da minha insegurança. Aquele Edu que hoje partilha com você sobre a **coragem de ser** quem se é ainda estava aprendendo, com passos hesitantes, a dançar com a própria fragilidade.

Na tentativa de suavizar o impacto dessa travessia, planejei uma breve parada em Paris. Um amigo do coração, daqueles que são farol em noite escura, me acolheria ali. Era quase um ritual de criança, como quando pedimos ao irmão mais velho para segurar nossa mão no primeiro dia de aula em uma nova escola. Quando ele me deixou na Gare de Lyon, aquela imensidão parisiense, e disse com a serenidade que só a amizade verdadeira pode ofertar: “Conte comigo”, por um instante fugaz, senti o chão firme sob meus pés. Respirei fundo e acreditei que daria conta.

Porém, essa sensação de segurança se esvaiu como fumaça no instante em que desembarquei na estação central de Milão, um colosso de concreto e aço, onde um formigueiro humano pulsava em ritmos e idiomas que me eram completamente estranhos. Pessoas corriam, vozes se sobrepunham, corpos se esbarravam, cada um imerso nas próprias urgências, indiferentes à angústia que crescia em meu peito. Aquela vastidão me engoliu. Me senti pequeno, deslocado. A solidão me envolveu com uma força avassaladora, um frio que subia pela espinha e congelava a alma. Tudo o que eu mais ansiava naquele instante era um bilhete de volta para Paris, para o abraço do conhecido, para a segurança do familiar, para longe daquele turbilhão que me tragava.

O coração batia descompassado, as mãos gotejavam um suor frio. Decidi que precisava, urgentemente, contatar a pessoa que me havia convidado, minha única bússola naquela cidade desconhecida. Uma tarefa aparentemente simples, banal para qualquer um em circunstâncias normais. Mas, para mim, naquele estado de vulnerabilidade absoluta, o telefone público se erguia como um enigma indecifrável. Fichas, cartões, moedas – como aquilo funcionava? A mente, sequestrada pelo pânico, parecia incapaz de processar a informação mais elementar.

Foi então que ele surgiu, o meu Guardião Interno – aquela voz sorrateira que todos nós conhecemos bem, a voz do medo paralisante, da autocrítica feroz, da dúvida corrosiva –, e começou a gritar dentro de mim: "Você não vai conseguir! É complexo demais para você! Vai passar vergonha! Vão rir da sua cara! Desista agora, volte enquanto ainda há tempo!". Essa voz ancestral da sobrevivência tentava me proteger do desconforto, mas, ao mesmo tempo, me acorrentava, me impedindo de dar o passo seguinte.

Respirei fundo. Uma, duas, três vezes. Mesmo com as pernas trêmulas como varas verdes, mesmo com o nó apertado na garganta, tomei a decisão de não me render ao pânico. Adentrei em um barzinho aninhado na estação, o aroma forte de espresso pairava no ar, contrastando com o amargor do meu medo. Com um italiano hesitante, quase um sussurro embargado, pedi ajuda. A vergonha ardia em meu rosto, mas a necessidade visceral de conexão era maior.

Então surgiu uma mulher de olhar sereno e ela percebeu, para além das minhas palavras tropeçadas, o desespero silencioso que eu carregava nos olhos. Ela não fez perguntas invasivas. Não julgou minha insegurança palpável.

Apenas me olhou com uma profundidade que parecia dizer: "Eu vejo você. E está tudo bem sentir medo". Com uma ternura que desarmou todas as minhas defesas, me afagou com sua voz suave: "*Prendi*" [Tome]. E colocou na minha mão trêmula uma única, singela moedinha de 50 centavos. "*Usa. Non devi pagare. Vai.*" [Use. Não precisa pagar. Vá.]

Naquele instante, o mundo pareceu suspender a respiração. Aquela moeda não era apenas metal. Era um gesto de humanidade pura e cristalina. Era um abraço inesperado no meio da multidão indiferente. Era a própria vida me dizendo, por intermédio daquela alma desconhecida: "Você não está sozinho. Confie". Lágrimas quentes, como um rio represado, brotaram dos meus olhos, lavando não apenas meu rosto, mas também minha alma. Lágrimas de alívio, de gratidão genuína, de reconhecimento de que, mesmo nos momentos mais assustadores e solitários, a ponte da conexão humana ainda é possível.

Com a moeda apertada na mão, como se fosse um amuleto sagrado, caminhei até o telefone. Disquei. Falei. E, a cada palavra trocada, sentia a confiança retornando como a maré que volta, os pés reencontrando a firmeza no chão, o coração aquietando seu ritmo. O mundo ao meu redor não havia mudado, mas eu, sim. Aquele pequeno, mas imenso, gesto de compaixão me devolveu a mim mesmo. Devolveu-me a coragem que eu pensava ter perdido. Devolveu-me a fé na jornada que se desdobrava diante de mim. Aquela mulher anônima não me deu apenas 50 centavos. Ela me deu uma lição que ecoaria para sempre em minha alma: coragem não é a ausência do medo. Coragem é a alma que decide caminhar apesar do medo. É permitir-se ser vulnerável e, ainda assim, com o coração pulsando, dar o passo seguinte. É compreender que, por mais solitário que o caminho possa parecer, sempre haverá uma mão estendida, um olhar gentil, uma moedinha inesperada que nos recorda da beleza indizível de sermos humanos, juntos.

QUANDO APRENDEMOS, LÁ ATRÁS, QUE TALVEZ NÃO POSSAMOS CONTAR COM NINGUÉM

Aquela experiência em Milão, na qual a vulnerabilidade me tocou de modo tão profundo diante do desconhecido e da aparente indiferença da multidão, refletiu, como um espelho aguçado, uma ferida que muitos de nós carregamos, sem nem sequer conseguir nomeá-la: o desamparo. Essa ferida começa a ser tecida na infância, em momentos quase sempre encobertos pela névoa do esquecimento da mente consciente, mas gravados a fogo na memória emocional do corpo, nos quais aprendemos uma lição silenciosa e dolorosa: precisar dos outros é algo perigoso, ou, no mínimo, inútil.

Talvez tenha sido naquele dia em que você, criança, caiu e ralou o joelho e, em vez do colo aquecido que sua alma infantil tanto ansiava, recebeu uma bronca apressada ou um seco "Levanta, não foi nada!". Talvez quando tentou expressar uma tristeza genuína ou um medo que apertava seu peito e ouviu o infame "Engole o choro, seja forte!", ou, pior, foi recebido com a impaciência de quem não tem tempo para "essas coisas" ou com a frieza da indiferença. Talvez em pequenas, mas significativas, negligências do cotidiano, ausências que, para os adultos ao redor, pareciam triviais, mas que, para a alma sensível e permeável da criança, significaram um universo de solidão e desvalia.

E aqui é importante dizer: não se trata, na maioria das vezes, de pais ou cuidadores com intenções cruéis ou deliberadamente "maus". Com frequência, eles mesmos estavam apenas ecoando a dureza, a desconexão emocional, a própria ferida de desamparo que carregavam de suas próprias histórias, de suas próprias infâncias. Mas a criança, em sua pureza e simplicidade, não processa o mundo com essa complexidade. Ela sente. E o que ela sente, naquele momento de dor e necessidade não atendida, torna-se sua verdade interna mais profunda: "Se eu precisar de verdade, se minha alma clamar por socorro, ninguém virá. É melhor, então, eu me virar sozinha".

E assim, para sobreviver emocionalmente naquele ambiente em que a vulnerabilidade parecia não ter um porto seguro, o coração, em sua sabedoria instintiva de sobrevivência, começa a erguer as primeiras defesas, as primeiras muralhas. No início, é uma adaptação sutil: um "deixa que eu resolvo sozinho", um "não quero incomodar ninguém com meus problemas", um "é melhor não esperar nada de ninguém para não me decepcionar". Aprendemos, então, a engolir o choro até que ele seque na garganta, a disfarçar o medo com uma máscara de indiferença, a não pedir ajuda para não corrermos o risco de sermos vistos como fardo. Com o tempo, essa estratégia de sobrevivência se solidifica, se cristaliza e vira parte da nossa identidade. Vira nossa marca registrada no mundo: a pessoa forte, eficiente, resoluta, autossuficiente. Aquela que, aparentemente, "dá conta de tudo".

Por fora, essa postura pode até gerar admiração, respeito, quiçá uma ponta de inveja. Porém, por dentro, quem se acostuma a não depender de ninguém, a não se permitir precisar, carrega um fardo esmagador. Vive em um deserto emocional, mesmo que cercado de pessoas. Aprende a proteger a própria vulnerabilidade como quem guarda o último gole d'água em uma travessia árida e sem fim. Você se reconhece, em algum nível, nessa dificuldade quase instintiva de pedir ou simplesmente aceitar ajuda, nessa sensação automática de ter que dar conta de tudo sempre, mesmo quando a exaustão já lhe roubou as forças?

Nosso sistema interno, moldado por essas experiências repetidas de desamparo, reforça continuamente essa dinâmica. A vulnerabilidade passa a ser associada, em nosso mapa emocional, ao perigo iminente, à dor da rejeição ou da indiferença. Cada vez que surge a possibilidade de precisar de ajuda, a mente dispara sinais de alerta: "Cuidado! Não é seguro!", "Você vai se machucar de novo!", "Vão te rejeitar como antes!", "É melhor se virar sozinho, é mais garantido!". O corpo aprende a viver nesse estado de alerta constante, pronto para carregar o peso que for, para resolver qualquer problema, para garantir, a qualquer custo, que não precisará depender de ninguém.

Entretanto, como vimos na minha história em Milão, ninguém consegue sustentar essa armadura de ferro indefinidamente sem pagar um preço alto, cobrado diretamente na alma. Com o passar dos anos, essa hiperindependência corrói a vitalidade, a alegria de viver. A solidão se instala, sorrateira, mesmo em meio a relacionamentos ou multidões ruidosas. O esgotamento emocional e físico se torna um companheiro crônico, mesmo quando, superficialmente, tudo parece sob controle. Você se transforma naquela pessoa que todos admiram pela força inquebrantável, mas que, no fundo do coração, se sente terrivelmente só, incompreendida. E perguntas ecoam nas horas mais quietas da noite: "E quando for eu que precisar de verdade? Quando for a minha alma que gritar por socorro? Para quem eu posso correr?". A resposta aprendida, e agora dolorosamente automatizada, costuma ser a mesma: "Melhor não precisar".

É interessante notar que nem todos nós reagimos ao desamparo primordial nos fechando por completo na concha da autossuficiência. Alguns desenvolvem uma estratégia que, à primeira vista, parece oposta, mas que nasce da mesma raiz de dor: tornam-se os eternos cuidadores, os salvadores compulsivos. Vivem para resolver a vida alheia, carregam nos ombros os problemas, os sonhos e as dores dos outros, em uma tentativa inconsciente, e por vezes desesperada, de serem indispensáveis e, assim, talvez, apenas talvez, conquistarem o amor, a segurança e o amparo que tanto lhes faltaram. Doam-se sem limites, até a exaustão, mas, no fundo, é a mesma solidão, a mesma ferida antiga, apenas mascarada pela capa da utilidade. Cuidar de todos, incansavelmente, sem nunca se permitir ser de fato cuidado, é apenas outra maneira sutil e dolorosa de negar a própria necessidade legítima e sagrada de amparo.

A ferida do desamparo, seja ela manifesta na armadura da hiperindependência, seja na compulsão por cuidar do outro, molda profundamente nossas escolhas de vida, nossos relacionamentos, nosso modo de estar no mundo. Ela nos ensina, desde cedo, a amar de maneira desigual, a trabalhar até a exaustão para provar um valor que já é nosso por direito, a calar dores antigas e profundas por trás de uma fachada de eficiência e controle. Nosso sistema interno, em uma tentativa constante de manter essa adaptação que um dia foi necessária para sobreviver, continua operando em modo de emergência, mesmo em situações de paz e segurança. É como carregar um guarda-chuva pesado e desconfortável em um dia de sol radiante, apenas pela memória da tempestade que já passou.

Talvez agora, ao olharmos juntos para isso, você comece a perceber quantas vezes escolheu carregar o peso quando poderia ter buscado a leveza da partilha, quantas vezes sorriu por fora enquanto por dentro sua alma ansiava por um abraço de compreensão que não sabia como pedir. Ninguém via, não por maldade ou descaso, mas porque você aprendeu, tão cedo e tão bem, a arte de esconder sua necessidade, de mascarar sua vulnerabilidade.

O CANSAÇO DE QUEM SEMPRE PRECISA SER FORTE

Existe um cansaço que não se resolve com oito horas de sono reparador ou com férias em uma praia paradisíaca. É um cansaço que se aninha na alma, um peso existencial que se acumula sem fazer barulho em quem aprendeu cedo demais que depender era um sinal de fraqueza, que era perigoso, e que a força, a couraça da força, era a única armadura disponível para atravessar os desafios da vida.

No início, essa força é com frequência celebrada, até aplaudida. As pessoas ao redor admiram sua autonomia, sua resiliência notável, sua aparente capacidade de "dar conta de tudo" sem jamais fraquejar. E você, de tanto ouvir, acaba acreditando nesse personagem, nessa identidade construída sobre a negação sistemática da própria vulnerabilidade. Pedir ajuda, nesse roteiro, parece uma traição a si, uma confissão de fracasso. Mas, por dentro, em um espaço íntimo e raramente visitado, acumula-se uma exaustão profunda – não apenas pelo excesso de tarefas ou responsabilidades, mas de silêncios engolidos, de noites em que você foi seu único consolo e abrigo, de inúmeras vezes em que, precisando de um colo, acabou oferecendo o ombro para o outro. A força que um dia nos protegeu se transforma, aos poucos, na própria cela que nos aprisiona.

Nosso sistema interno, em sua sabedoria primitiva, entende essa dinâmica como pura estratégia de sobrevivência. Cada vez que você negou a si mesmo o direito sagrado de pedir ajuda para não correr o risco de se decepcionar, cada vez que suportou sozinho o peso do mundo para não parecer frágil aos olhos alheios, seu corpo e sua mente se prepararam, instintivamente, para a batalha emocional seguinte. O problema é que, nesse estado, a emergência percebida nunca acaba de fato. O alerta interno, como uma sirene estridente, não desliga. É como viver em uma cidade em que as sirenes de perigo tocam sem cessar, dia e noite, até que o ruído se torne parte da paisagem sonora – normalizado, sim, mas exaustivo. Mesmo nos dias mais calmos e ensolarados, o corpo e a mente continuam em estado de prontidão para a guerra, não contra uma ameaça externa real, mas contra a própria necessidade humana, legítima e vital, de ser acolhida, de ser amparada.

Ser forte, quando se torna uma obrigação autoimposta e não uma escolha consciente, deixa de ser uma virtude e se converte em um cárcere invisível. E a alma, mesmo que treinada por anos na arte de suportar em silêncio, começa a gritar. Grita na forma de uma tristeza sem nome nem motivo aparente, de uma irritação desproporcional diante de pequenas coisas, de um cansaço crônico que nenhuma noite de sono alivia, de uma ansiedade difusa que aperta o peito, de uma raiva engolida que corrói como ácido. Porque a alma não foi feita para viver isolada em si mesma, como uma ilha. Ela anseia por toque, por conexão, por sustentação – como uma árvore majestosa que precisa não apenas de raízes que se agarram à terra, mas também do sol que a aquece e da chuva que a nutre. Esse cansaço profundo, essa sensação de que a armadura da força impede você de verdadeiramente descansar, de se conectar, de ser apenas humano, ressoa com a sua experiência?

Talvez você tenha erguido muralhas tão altas para se proteger da dor do mundo que agora teme que, ao permitir uma brecha, uma fresta de vulnerabilidade, tudo aquilo que você construiu com tanto esforço desmorone. Abrir-se à vulnerabilidade, para quem sobreviveu por tanto tempo sem ela, é como caminhar desprotegido em território desconhecido e potencialmente hostil pela primeira vez. Dá medo, sim. Dá vertigem. Mas é justamente nesse espaço de aparente fragilidade que a vida real, com toda a sua beleza e imperfeição, pulsa com mais intensidade.

O paradoxo cruel é que aquele que sempre foi o "forte", o pilar de sustentação para os outros, é com frequência quem mais se sente só em suas próprias horas de necessidade. Não por falta de amor ou de pessoas dispostas a ajudar, mas porque a permissão interna para ser amparado e receber cuidado foi silenciada cedo em sua história. Sem essa permissão interna, até os gestos mais genuínos e amorosos de cuidado e apoio esbarram na parede invisível da desconfiança ou da autossabotagem. A mente, treinada na lógica da sobrevivência solitária, questiona sem cessar: "Posso realmente confiar?", "E se eu me apoiar e a pessoa me deixar cair, a dor não será ainda maior?". E, assim, o ciclo de fechar-se em copas e "aguentar firme" sozinho recomeça mais uma vez.

No entanto, talvez, apenas talvez, ao nomearmos juntos esse cansaço, ao reconhecermos com compaixão esse roteiro de autossuficiência forçada que tanto nos esgota, uma pequena rachadura surja nessa muralha que nos isola. Uma fresta tímida, mas real, pela qual a luz da esperança e a própria vida em sua plenitude passem a entrar. A força imensa que você construiu ao longo dos anos não é um erro, não é um defeito;

foi sua melhor resposta, sua mais nobre proteção, a manifestação da sua coragem em tempos difíceis. Porém, a vida, em sua infinita sabedoria, talvez agora lhe esteja pedindo algo novo, diferente: que sua força inclua também a suavidade, que a grandeza de carregar o mundo nos ombros abra espaço para a sabedoria ainda maior de compartilhar o peso, de permitir-se ser sustentado.

Aqui, entra o poder transformador e curativo de se abrir para o apoio e a conexão genuína. O milagre começa naquele instante silencioso e sagrado em que você, exausto de tanto sobreviver, ousa admitir, primeiro para si mesmo: "Eu também preciso. Eu também mereço ser cuidado". Permitir o apoio não é desistir nem é atestado de fraqueza; é, ao contrário, um ato de profunda coragem e um reconhecimento da sua preciosa humanidade. É olhar para si com a compaixão que você tantas vezes ofereceu aos outros, soltar a necessidade exaustiva de ser invulnerável e sentir, enfim, o peso aliviar dos seus ombros.

A ciência hoje nos confirma o que a alma sempre soube: somos seres de vínculo, seres de conexão. Quando nos sentimos verdadeiramente vistos, ouvidos e amparados, nosso sistema nervoso floresce. A química interna da confiança e do vínculo se fortalece, a respiração se aprofunda, o coração se acalma. A conexão verdadeira é bálsamo para a alma, é remédio biológico para o corpo. Ela tem o poder de desarmar o sistema de defesa hiperativo que nos mantém em constante estado de alerta e de reconstruir, fio a fio, redes internas de segurança, calma e pertencimento. No entanto, para receber esse remédio precioso, é preciso dar o passo corajoso de se permitir ser visto vulnerável, sem a máscara da força inabalável. É aceitar, com o coração aberto, que precisar é humano e que merecer amor e cuidado não é um prêmio por eficiência ou feitos heroicos, mas um direito inato de todo ser.

No início, pode parecer estranho, desconfortável, você pode até desconfiar dessa nova possibilidade. E está tudo bem. Desconstruir a fortaleza da solidão que levou uma vida para ser erguida requer tempo, paciência e muita autocompaixão. Porém, cada mínimo gesto de abertura – aceitar um elogio sem diminuí-lo ou rebatê-lo, permitir que alguém carregue algo por você, verbalizar um pedido de ajuda sem o peso da vergonha, descansar no apoio emocional de outro ser humano – reprograma, pouco a pouco, seu sistema interno para a confiança e para o recebimento. Comece a praticar também o autocuidado radical: permita-se descanso sem culpa, aprenda a dizer "não" para o que não lhe serve mais, escolha conscientemente relações que nutrem sua alma, ouça com respeito os limites do corpo e do coração. Ofereça a si mesmo a gentileza e o amparo que talvez tenha esperado tanto tempo dos outros, reconhecendo seu próprio e inegável merecimento.

A leveza que tanto buscamos começa a florescer quando paramos de lutar incessantemente para sermos dignos e passamos a viver como quem sabe que já é. A força real, a verdadeira fortaleza, não reside em nunca cair ou em jamais precisar, mas em saber quando lutar com garra e quando é tempo de descansar nos braços da vida, reconectando-se consigo mesmo, com os outros e com a centelha divina que habita em sua alma.

Perguntas poderosas para iluminar seu caminho

- Quais são as "muralhas invisíveis" mais proeminentes que você sente ter erguido ao longo da sua história para se proteger da dor do desamparo? De que maneira o sussurro antigo de que você precisava "carregar tudo sozinho(a)" ainda ecoa em suas escolhas e sustenta essas defesas, talvez impedindo o fluxo mais pleno da vida em você hoje?
- Ao contemplar com carinho essas muralhas, de que forma elas, apesar de um dia terem servido como uma proteção necessária, podem agora limitar sua experiência de sentir o poder curativo da conexão humana e a beleza da leveza de não precisar ser forte o tempo todo? Qual é o anseio mais profundo da sua alma por essa conexão, por essa suavidade e por esse alívio?
- Qual pequeno, porém profundamente significativo e amoroso, gesto de permitir-se ser cuidado(a) ou de verbalizar uma necessidade sua você se sente disposto(a) e corajoso(a) o suficiente para experimentar **hoje** – ou nos próximos dias –, como um primeiro passo para abrir uma "fresta de luz" nessa fortaleza e começar a vivenciar uma nova maneira de caminhar pela vida com mais apoio, confiança e suavidade no coração?

CAPÍTULO 4

AS LENTES DA DOR: QUANDO UM RÓTULO TENTA DEFINIR QUEM SOMOS

Desembarquei na Bélgica com o coração vibrando uma melodia de esperança. Para mim, estar ali transcendia uma simples viagem; sentia como um chamado da alma, uma missão. Trazia comigo não apenas bagagens, mas anos de estudo apaixonado e prática, de uma entrega que beirava a inteireza, acreditando, com uma ingenuidade quase infantil, que o conhecimento entrelaçado à paixão seriam chaves mestras para construir pontes e nutrir diálogos profundos, tocando corações em qualquer canto deste vasto mundo. No entanto, o frio elegante daquela terra europeia cortou mais fundo do que o previsto. E não me refiro ao frio do clima, que se agasalha. Falo daquele que se infiltra na alma: o frio da indiferença polida, do olhar que primeiro mede para depois, talvez, acolher; da distância sutil de quando a sua origem pesa mais na balança do que a sua essência.

A cada reunião formal, a cada aperto de mão protocolar, a cada conversa em que minhas ideias pareciam dançar sozinhas em um salão vazio, um muro invisível, porém palpável, se erguia entre mim e o outro. Era a sensação desconfortável, e por que não dizer dolorosa, de ser o "outro", o "exótico" da vez, aquele que, para ser ouvido e ter sua palavra levada a sério, precisa remar o dobro, gritar um pouco mais alto. Era como tentar falar uma língua que todos ali compreendiam com a mente, mas que escolhiam, deliberadamente ou não, não escutar com o coração.

Então veio o golpe. Não um físico, daquele que deixa marcas visíveis no corpo, mas um do tipo que atinge a alma como um soco invisível, que nos tira o ar e nos deixa cambaleando. Aconteceu durante uma apresentação minha no Parlamento Europeu. Um lugar imponente, carregado de história e poder, onde eu, de peito aberto, partilhava minha visão sobre o florescimento do potencial humano. No meio da fala, enquanto meu coração se esforçava para criar uma ponte com aqueles olhares que variavam entre o interesse genuíno e uma avaliação fria e distante, um superdeputado, figura de destaque e notória influência, ergueu-se. Seu tom não era de quem busca o diálogo e quer aprofundar uma questão; era o tom de quem profere uma sentença. Com uma arrogância mal disfarçada sob o manto de um suposto pragmatismo, ele disparou as palavras que ecoariam em minha alma por um tempo que pareceu eterno: "Não tenho absolutamente nada a aprender com alguém que vem do Terceiro Mundo".

O silêncio que se seguiu foi mais cortante do que a própria agressão verbal. Não houve um murmúrio de desconforto, um olhar de reprovação ao ato, uma defesa, ainda que sutil, da dignidade humana que ali era publicamente ferida. Houve apenas aceitação. A aceitação tácita, conivente, de que minha origem, o "rótulo" que me fora imposto, era suficiente para invalidar toda a minha jornada, todo o meu conhecimento acumulado, toda a minha humanidade. Naquele instante, fui brutalmente reduzido. Deixei de ser Eduardo Shinyashiki, com meus livros que tocaram vidas, minhas palestras que buscaram inspirar, minhas histórias de transformação que testemunhei e vivi, para ser apenas e tão somente "alguém do Terceiro Mundo". Uma categoria. Uma estatística fria. Um ninguém.

Meu corpo congelou, como se um inverno súbito tivesse se instalado em minhas veias. Os ombros travaram, curvando-se sob o peso de uma carga invisível mas esmagadora. A mandíbula se apertou, em uma tentativa desesperada de conter a onda de humilhação e uma raiva justa que subia queimando pela garganta. Uma voz interna, aquela antiga conhecida, treinada na dura arte da sobrevivência emocional em territórios hostis, gritou com urgência: "Engole o choro! Não reaja! Não demonstre a dor! Se eles perceberem que o atingiram, você perdeu a batalha". E eu, condicionado por tantas outras batalhas silenciosas, obedeci. Tornei-me um ator no palco da minha própria dor. Sentei-me novamente, forcei um sorriso que não alcançava os olhos, disse algumas palavras protocolares para encerrar minha participação. Porém, por dentro, minha alma sangrava. Era a dor aguda, lancinante e silenciosa de ser deslegitimado, não pelo que fiz ou deixei de fazer, mas por quem eu era, pelo lugar do qual eu vinha.

Terminei a apresentação sentindo o peso do mundo esmagando meus ombros. Caminhei de volta ao hotel como um autômato, cada passo ecoando a frase cruel, a indiferença gélida. Entrei no quarto, tranquei a porta como quem tranca o mundo lá fora, sentei-me na beira da cama e ali, na sagrada solitude daquele espaço anônimo, permiti que a dor viesse à tona, sem máscaras, sem armaduras. E chorei. Chorei não de fraqueza, mas de humanidade ferida. Chorei pela injustiça que cega. Chorei pela invisibilidade que anula. Chorei por todos aqueles que, todos os dias, em todos os cantos do planeta, são reduzidos a rótulos vazios, silenciados por preconceitos mesquinhos, diminuídos pela ignorância arrogante de outros. Chorei porque, naquele dia, eu senti na pele, com uma clareza dolorosa, o fardo imenso que tantos carregam em silêncio, sem nunca ter um espaço seguro para nomear sua dor.

Naquele choro, porém, algo mais nasceu. Não foi resignação. Foi escolha. Uma escolha silenciosa, mas definitiva, feita no âmago do meu ser. Eu jamais, em tempo algum, seria cúmplice do silêncio que permite que o preconceito floresça e crie raízes. Eu jamais me calaria diante da injustiça que tenta, com covardia, diminuir a dignidade sagrada de um ser humano. Eu jamais deixaria que o rótulo imposto pela ignorância de outros definisse o tamanho da minha voz ou o valor da minha contribuição ao mundo. Naquele quarto de hotel, com o coração em cacos, eu não me quebrei. Eu me reconstruí. Com mais força em meus alicerces. Com mais clareza em meu propósito. Com uma determinação ainda mais inabalável de usar minha voz para acolher, para validar, para lembrar a todos nós que nossa origem não define nosso destino, e que nossa essência é infinitamente maior, mais rica e mais luminosa do que qualquer rótulo que tentem nos impor. Aquele golpe invisível não me derrubou. Ele me ergueu. Ele reacendeu em mim o fogo sagrado da minha missão.

QUANDO O VALOR PESSOAL É MEDIDO PELO OLHAR DO OUTRO

Aquele golpe invisível no Parlamento Europeu, a redução brutal de toda uma trajetória de vida a um rótulo frio e carregado de preconceito, foi como um espelho doloroso que me mostrou uma das feridas mais insidiosas e universais que carregamos como seres humanos: a da desvalorização. Ela nem sempre chega com a brutalidade de um insulto direto, como o que vivi;

muitas vezes, ela se instala sem alarde em nossa alma, por meio da comparação constante, da crítica velada, daquela sensação sutil, mas persistente e corrosiva, de que nunca somos bons o bastante, de que sempre falta algo.

Nenhum de nós chega a este mundo duvidando do próprio valor. O bebê que explora o mundo com olhos curiosos, que arrisca os primeiros passos cambaleantes, não se mede pela régua do outro. Ele apenas existe, em sua plenitude, confia em seu impulso vital, celebra cada pequena descoberta como se fosse a maior das vitórias. Mas, em algum ponto muitas vezes imperceptível da nossa tenra jornada, essa confiança original, essa certeza inata de valor, é sutilmente fraturada. A comparação começa a se insinuar em nosso mundo interno, como uma sombra. Talvez no elogio direcionado ao irmão "mais responsável", na nota escolar que "poderia ter sido um pouco melhor", na expectativa de que deveríamos nos parecer mais com aquele ideal inatingível que nos é apresentado. E a criança, ainda sem as defesas da maturidade, aprende a lição implícita que se grava em suas células: meu valor não reside em quem eu sou, mas no quanto me aproximo daquilo que os outros esperam de mim. Meu valor não é uma chama que brilha de dentro para fora; ele parece depender da aprovação que vem de fora, é condicional.

Dentro do nosso sistema interno, essa aprendizagem dolorosa é registrada como uma ameaça à nossa segurança emocional. Ser comparado e, com frequência, considerado "menos" do que o outro, ativa nossos circuitos de alerta mais primitivos. A sensação de inadequação, de não ser suficiente, começa a se instalar, tornando-se, infelizmente, parte da paisagem interna da alma. Essa comparação internalizada vira a lente através da qual passamos a enxergar o mundo – e, o que é mais trágico, a nós mesmos. Tudo se transforma em medida, em peso, em ranking de valor. E o resultado para quem carrega a ferida da desvalorização é uma sensação persistente de insuficiência. Alguém ao nosso redor sempre parece ser mais inteligente, mais bem-sucedido, mais feliz, mais amado. Mesmo diante das próprias conquistas, por maiores que sejam, a voz interna da comparação, que se tornou uma companheira indesejada, sussurra que ainda falta algo, que poderia ter sido melhor, corroendo a possibilidade de sentirmos um orgulho genuíno e sereno por quem somos e pelo que realizamos. Como a comparação afetou ou ainda afeta suas escolhas, sua capacidade de se alegrar com suas vitórias e sua autoestima? Você se pega medindo seu valor pela régua dos outros, esquecendo-se da sua medida interna?

Essa voz crítica interna, como senti ecoar tão dolorosamente naquele dia na Bélgica, não nasce do nada. É filha da comparação internalizada, é a cicatriz viva das exigências invisíveis que, em algum momento, aprendemos a aceitar como verdades absolutas sobre nós mesmos. Essa dor não se limita a um sentimento desagradável; ela molda nossas ações, nossas escolhas, o curso de nossa vida. Quando acreditamos que nunca somos de fato suficientes, começamos a adiar nossa própria felicidade, nossa própria realização. Passamos a acreditar que só poderemos relaxar, celebrar a vida, amar e sermos amados de verdade quando formos "melhores", quando conquistarmos aquele objetivo específico, quando formos reconhecidos de determinada maneira. A vida, então, se torna uma eterna sala de espera para uma versão futura e idealizada de nós mesmos que, ironicamente, pela própria natureza da comparação, nunca chega. Porque a régua da comparação, alimentada continuamente pela ferida da desvalorização, move-se sempre um pouco além do nosso alcance.

A VIDA PROVISÓRIA: O PERFECCIONISMO PUNITIVO QUE NOS APRISIONA

Essa espera constante pelo "quando" – "quando eu finalmente emagrecer...", "quando eu for promovido no trabalho...", "quando eu encontrar o parceiro ideal...", "quando eu for reconhecido pelo meu valor..." – nos aprisiona, no que eu chamo carinhosamente, mas com uma ponta de tristeza, de "vida provisória". O presente, esse milagre que se desdobra a cada instante, vira um mero rascunho, um ensaio infinito para uma grande estreia que, tragicamente, nunca acontece. Ficamos construindo castelos de sonhos no futuro, enquanto o agora, o único tempo real que possuímos, se perde ao escorrer por entre os dedos como areia fina.

O mais cruel dessa dinâmica, acredite, é que nosso sistema interno, sem que percebamos, reforça essa armadilha. O circuito de recompensa do cérebro pode se viciar na expectativa da felicidade futura, liberando um prazer fugaz e superficial na antecipação, e não na vivência real e palpável do momento. Quando (e se) o tão esperado objetivo é finalmente alcançado, a satisfação é, muitas vezes, menor do que o esperado, e a mente, já condicionada, parte para o próximo marco no horizonte, para a próxima promessa de felicidade. Tornamo-nos, assim, viciados em antecipar, em esperar, não em realizar e viver. É a armadilha sutil da vida em suspenso: estamos sempre nos preparando para viver, mas nunca nos sentimos autorizados a viver em plenitude, porque, em nossa percepção distorcida, sempre falta aquele "algo mais" que nos tornaria dignos de felicidade. Quantos sonhos preciosos ou alegrias simples você já adiou, esperando por essa "versão perfeita" de si mesmo ou da vida, que teimava em não chegar?

A vida provisória não nos rouba apenas o agora; ela nos furta a confiança sagrada na nossa capacidade de sermos felizes com quem já somos e com o que já temos hoje. Cada adiamento, cada "depois eu faço", cada "quando eu conseguir aquilo", reforça a crença interna de que não somos suficientes como somos, e essa crença, como uma erva daninha silenciosa, sufoca a espontaneidade, a alegria de ser e a coragem de arriscar. O corpo sente essa ausência de vida verdadeira pulsando nas veias: a energia vital diminui, a ansiedade lança suas garras, os prazeres simples perdem a cor e o sabor. Vivemos no hoje com os olhos fixos no amanhã, perdendo a beleza do caminho. Essa dinâmica não é "culpa" nossa; foi aprendida, instalada sutilmente pela comparação e pela exigência externa e interna, e com frequência reforçada por uma cultura que vende a felicidade como um prêmio por desempenho, um troféu a ser conquistado.

Essa busca incessante por validação externa muitas vezes se manifesta em nossa vida como um carrasco interno: o perfeccionismo punitivo. É fundamental diferenciar essa dinâmica dolorosa da busca saudável e alegre pela excelência, que é movida pelo amor ao que se faz, pelo prazer da superação. O perfeccionismo punitivo é movido pelo medo: o medo paralisante de que, se não formos perfeitos em tudo, não seremos suficientes, não seremos amados, não seremos vistos em nosso valor. Ele nasce e se alimenta onde o erro, que é parte natural do aprendizado humano, foi interpretado como ameaça, como prova cabal de inadequação. A vida, sob o jugo desse perfeccionismo, vira uma corrida infinita e exaustiva, em que cada linha de chegada se dissolve no ar, e a voz interna é implacável em sua crítica: "Podia ter sido melhor", "Não foi bom o suficiente".

O perfeccionismo punitivo nos mantém em estado de hipervigilância constante. Nosso sistema de recompensa funciona às avessas: há pouco ou nenhum prazer genuíno na conquista, que é rapidamente ofuscada pela autocrítica ou pela próxima exigência autoimposta. O sucesso é vivido não como realização e alegria, mas como um alívio temporário do medo da falha, do medo de ser desmascarado. Nossos circuitos de alerta permanecem mais ativos do que o necessário, e o estresse emocional se torna um companheiro constante. Até o descanso é contaminado por essa voz; a mente não desliga, sempre buscando falhas, sempre se cobrando mais e mais. Isso sequestra nossos sonhos mais autênticos: o prazer de cantar por cantar vira uma obrigação técnica impecável; o desejo de amar e se conectar vira um medo constante de errar na relação. Muitas vezes, procrastinamos ou nos sabotamos apenas para evitar a temida confirmação do medo de não sermos suficientemente bons. Não é vaidade, é um temor visceral de não merecer existir, de não ter valor.

A libertação desse ciclo doloroso começa ao reconhecer essa dinâmica interna sem culpa nem julgamento, apenas com a compaixão de quem olha para uma ferida antiga que precisa cicatrizar. É abandonar a crença limitante de que a perfeição é condição para o valor ou para o amor. É lembrar, com ternura, que existia uma confiança original, uma alegria de ser, anterior à comparação e à crítica, que ainda reside em nós, esperando para ser redescoberta. Talvez você já tenha sentido essa memória pulsar em momentos inesperados – na contemplação da natureza, no riso solto de uma criança, em um abraço sincero e acolhedor – momentos em que, por um instante, você esqueceu que precisava ser "melhor" para ser. Esses momentos são convites preciosos da sua alma para voltar para casa, para desprogramar a vida provisória, para resgatar o agora como seu verdadeiro e único lar.

A travessia para fora dessa prisão começa com a coragem de parar de esperar e ousar habitar o presente imperfeito, com tudo o que ele contém. A maior conquista, afinal, não é a vida perfeita que imaginamos em sonhos distantes, mas a vida real, com suas imperfeições e desafios, que finalmente ousamos habitar por inteiro, de peito aberto, agora.

Perguntas poderosas para iluminar seu caminho

- De que maneira a voz sutil da comparação e a busca incessante por um "quando perfeito", muitas vezes alimentada por um perfeccionismo autoexigente, se entrelaçam em sua vida, fazendo com que você adie seus planos mais queridos ou sinta que seu valor está sempre por ser validado por algo externo?
- Ao reconhecer a "prisão invisível" que pode ser formada por esses padrões de pensamento e comportamento, qual é o impacto mais sensível em sua alma, em sua capacidade de se sentir genuinamente feliz e suficiente **agora**? E qual o chamado mais profundo que surge do seu coração por liberdade, leveza e autoaceitação genuína, neste momento?
- Qual pequeno, porém radicalmente amoroso, gesto de autoaceitação – seja ele um pensamento compassivo sobre si mesmo, uma permissão para errar, uma celebração de uma conquista singela ou um simples ato de gentileza consigo – você se compromete a praticar **hoje** como o primeiro passo para começar a descortinar essa prisão e reivindicar, com a ternura e a força de quem você de fato é, seu direito sagrado de ser plenamente você, feliz e suficiente no momento presente?

CAPÍTULO 5

A TRAVESSIA DA RESILIÊNCIA: REPROGRAMANDO A DOR, DESPERTANDO A FORÇA INTERIOR

Há momentos em nossa jornada em que o passado finca raízes tão profundas no presente que quase o ofusca. Ele se torna uma âncora invisível, cravada no âmago do peito, pesando em cada passo hesitante que você e eu tentamos dar em direção ao futuro com que sonhamos. Por mais que a mente anseie por seguir adiante, é como se arrastássemos conosco os escombros de velhas dores, de perdas sentidas, de batalhas que fomos, muitas vezes, obrigados a suportar em silêncio.

Eu conheço esse peso. Conheço o som surdo das lembranças que ecoam nos vãos do silêncio, a sensação persistente de carregar estilhaços internos mesmo quando, aos olhos do mundo, a vida parece ter seguido seu curso sereno. Você também conhece esse peso em sua própria pele, não é mesmo?

Durante um longo trecho da minha caminhada, o que me impedia de avançar com a alma mais leve não era apenas a dor em si – a dor das ausências, das críticas que ferem, das quedas que nos tiram o fôlego –, mas a maneira como eu a carregava: escondida, congelada no tempo, cristalizada em narrativas internas de sofrimento que nunca haviam sido totalmente vistas, acolhidas com ternura, recontadas sob uma nova luz. Uma parte de mim acreditava, como tantos de nós fomos ensinados, que ser resiliente era sinônimo de endurecer o coração, de não sentir para não sofrer, de "aguentar firme" o tranco, custe o que custar.

A ferida silenciosa, quando não é cuidada com amor e atenção, cria raízes profundas no corpo, manifesta-se em nossos gestos, na maneira como olhamos o mundo e a nós mesmos. Quase sem percebermos, ela molda nossas escolhas, alimenta nossos medos mais secretos e, por vezes, até cerceia nossa capacidade de sonhar com um futuro no qual a alegria possa ser mais presente.

Eu achava que precisava construir uma armadura impenetrável, marchar adiante com bravura, ignorando os cacos de vidro que sentia sob os pés.

Porém, a vida, essa mestra sábia e por vezes desconcertante, veio me mostrar o caminho oposto. Com as mãos sujas de tentativa e erro, mergulhando com coragem nas minhas próprias sombras, descobri que a verdadeira resiliência, aquela que nos reconstrói por dentro, não nascia da negação da dor, mas da coragem radical de entrar dentro dela, de senti-la, de permitir que ela nos contasse sua história.

Era preciso encontrar, ali mesmo, no meio dos escombros emocionais que pareciam intransponíveis, a semente intacta da minha capacidade de viver com plenitude, de amar sem reservas, de florescer novamente, apesar de tudo. Era preciso ter a coragem de olhar para as próprias feridas não como sentenças de fracasso ou de uma vida diminuída, mas como portais sagrados para uma compreensão mais profunda e compassiva de mim mesmo e da própria tapeçaria da vida. Essa descoberta inicial, ainda tateante, como quem busca a luz no escuro, foi o primeiro farol no fim de um túnel que, por tanto tempo, pareceu não ter saída. Foi o reconhecimento profundo de que, mesmo na terra mais árida e rachada pelas intempéries, a vida, em sua teimosia sagrada, ainda poderia encontrar um caminho para brotar. Foi a primeira semente da minha travessia da resiliência.

A SEMENTE DA RECONSTRUÇÃO: FAZENDO A ALMA FLORESCER ENTRE AS FERIDAS

Então, como começa essa reconstrução? Como transformamos os escombros das dores em alicerces sólidos para uma nova vida? A percepção que mudou tudo para mim foi esta: resiliência não se trata de suportar o peso do mundo passivamente, mas de se tornar o arquiteto ativo da sua casa interna.

O primeiro passo, descobri na pele, não é um ato de força solitária. Quando estamos quebrados por dentro, ilhados em nossa própria dor, a cura raramente acontece no vácuo. Pense em sua jornada. Nos momentos mais difíceis, não era de um olhar amigo, de uma mão estendida, de um coração que ouvia sem julgar que sua alma mais precisava? Precisamos de um "vínculo de alma" – seja um amigo leal, um terapeuta sensível, um mentor que nos inspira – que nos ofereça um espaço seguro onde possamos ser quem somos, com todas as nossas rachaduras. Foi ao encontrar esses vínculos preciosos, essas presenças que não tentavam me "consertar", mas que seguravam minha mão enquanto eu atravessava minha própria escuridão, que uma fresta de luz começou a se abrir.

E talvez você se pergunte: "Mas é realmente possível mudar uma dor tão antiga, um padrão tão arraigado?". A resposta que a vida me deu e que a ciência hoje ilumina é um retumbante "sim". O cérebro tem uma capacidade milagrosa de se refazer, de criar novos caminhos, de se curar mesmo após as maiores tempestades. O nome disso é neuroplasticidade. Para que essa magia aconteça, no entanto, a segurança afetiva é fundamental. O olhar que não julga e a escuta que acolhe comunicam ao seu ser mais profundo que é seguro baixar a guarda. E é nesse terreno fértil de segurança que você pode começar a reprogramar os ecos do passado.

Reprogramar, aqui, não é apagar a memória. Suas experiências, todas elas, fazem parte de quem você é. Reprogramar é redesenhar o significado que você lhes atribui. É escolher uma nova narrativa. Como seria para você, agora, começar a recontar sua própria história? Não mais com o trauma como o narrador sombrio, mas com sua força emergente, ainda que tímida, como protagonista. Não mais como a história da "pessoa que sofreu", mas como a saga do "herói ou da heroína que, apesar de tudo, escolheu florescer".

Essa mudança de perspectiva é a chave. A dor, por mais que tenha moldado você, não precisa definir seu destino para sempre. Você carrega aí dentro de si a matéria-prima sagrada para sua reconstrução.

O DESPERTAR DAS SUAS FORÇAS: DA CICATRIZ AO PROPÓSITO VIVO

Essa estrada da resiliência que você começa a trilhar agora não será uma linha reta. Pense nela como uma dança, com avanços e recuos, com momentos de clareza e outros de dúvida. A velha dor pode bater à porta de vez em quando. O medo pode tentar reassumir o controle. Está tudo bem. Cada vez que acolhe uma queda com compaixão, em vez de autocrítica, você se torna mais forte, mais sábio, mais inteiro.

Sua cicatriz, aquela marca da alma, nunca vai desaparecer por completo. Mas ela pode deixar de ser uma ferida aberta que o limita, para se tornar seu mapa do tesouro. Um mapa que, se aprender a ler com os olhos do coração, guiará você para sua versão mais forte e mais autêntica.

E como se faz isso na prática? A jornada pede um "otimismo com os pés no chão". É a coragem de olhar para a dor de frente, sem negá-la, reconhecendo os desafios da jornada, mas mantendo a fé inabalável de que a transformação é possível, mesmo que o caminho à frente pareça enevoado.

Lembro-me de momentos em que a voz do medo quase me paralisou, sugerindo que era mais seguro permanecer na infelicidade conhecida. Você já ouviu essa voz? No entanto, algo mais forte, aquela semente teimosa de vida que também pulsa em você, sussurrava em meu coração o direito de tentar, de falhar se preciso fosse, de recomeçar quantas vezes necessárias – e, acima de tudo, o direito sagrado de ser feliz.

E qual é a ferramenta mais poderosa para navegar essa dança? A autocompaixão. Pense nela como a ternura incondicional que você oferece a si mesmo. Em vez daquela autocrítica feroz, daquela voz interna que o açoita a cada tropeço, que tal experimentar uma voz acolhedora? Que diz: "Está tudo bem sentir medo. Eu estou aqui com você. Podemos tentar de novo amanhã"? Percebe como a autocompaixão pode ser sua maior aliada para fortalecer sua resiliência? Quando paramos de nos julgar com tanta dureza, nosso sistema nervoso respira, nosso corpo relaxa e nosso ser se reorganiza para florescer.

Em meio a esse processo, percebi que minhas forças identitárias, aqueles pilares da sua e da minha essência, começaram a despertar. A **coragem de ser**, por exemplo, tornou-se a permissão interna para existir do meu jeito, sem precisar de aplausos. Percebi que as lembranças dolorosas, embora ainda presentes, foram perdendo o poder de me definir. Elas se tornaram parte de uma história maior, em que o protagonista não era mais o que me feriu, mas o que brotou a partir disso: um olhar mais compassivo, uma coragem renovada, uma capacidade de criar caminhos novos a partir dos escombros.

Quando você encontra um "porquê" maior para sua existência – o desejo de servir, de partilhar, de ajudar outros em suas travessias –, o "como" atravessar sua própria dor torna-se não apenas suportável, mas profundamente significativo. Seu passado deixa de ser um cárcere para se tornar a fundação sólida do seu futuro. A dor se transforma em sensibilidade; a perda, em compaixão; a solidão, em espaço criativo.

Entenda: sua maior dor, se atravessada com amor, coragem e consciência, pode se transformar em seu maior dom. Resiliência, afinal, não é voltar a ser quem você era antes. É nascer de novo, com uma alma mais ampla, um coração mais sábio e uma presença mais inteira e vibrante no mundo.

Hoje, olho para minha história não com pesar, mas com gratidão. Cada cicatriz é um testemunho de superação. E a mensagem que trago, de coração aberto, é esta: você também carrega essa força indomável dentro de si. Ela pulsa aí, neste exato momento, esperando apenas a sua confiança, o seu "sim", para se manifestar. Mesmo que esteja no meio da tempestade, saiba que dentro de você há algo que nunca foi quebrado. É sua vida mais verdadeira pedindo passagem. E a resiliência é a ponte que o levará até ela.

Perguntas poderosas para iluminar seu caminho

- Ao segurar com ternura e coragem sua história nas mãos – com todas as quedas, cicatrizes e recomeços plenos de esperança –, qual é a primeira frase ou imagem central de uma nova narrativa, mais potente, amorosa e empoderadora, que você escolhe tecer para si mesmo(a) a partir de hoje, para honrar a beleza e a força da sua jornada única?
- Olhando para uma "ferida" ou "cicatriz" específica do seu passado não mais como um símbolo de fracasso ou de dor, mas como um "portal sagrado" para um aprendizado mais profundo, que força singular, que sabedoria única ou qual compaixão expandida você reconhece, com clareza e gratidão, ter sido despertada em sua alma através da travessia dessa experiência?
- Considerando que cada desafio superado, cada dor transmutada, fortaleceu sua alma resiliente e sábia, o que ela mais ardentemente deseja viver, criar, semear ou manifestar no mundo agora? E de que maneira suas experiências passadas, vistas agora como portais de força e aprendizado, a preparam e a impulsionam para realizar esses anseios?

CAPÍTULO 6

A DECISÃO DE VIVER POR INTEIRO

O DIAGNÓSTICO DA ALMA E A CHAVE MESTRA DO UNIVERSO INTERIOR

Vamos ser francos. Se essas palavras ressoam em você, é porque, em algum canto esquecido da sua rotina, você reconhece a mobília. Aquele desconforto que se tornou paisagem, aquele aperto no peito que já nem nomeia mais, mas que seu corpo, ah, ele sabe de cor e salteado. Ele conhece a arquitetura da prisão. Não uma de grades de ferro e sentinelas, mas aquela muito mais sofisticada, com endereço fixo, boletos em dia e uma senha de Wi-Fi que conecta você a tudo, menos a si mesmo. É a prisão do sapato apertado que você calça todo dia, e há tanto tempo, que a dor virou sua segunda pele e você já nem se lembra de como era caminhar descalço, sentindo a pulsação da terra. É a vida construída sobre as fundações invisíveis do desamor, a argamassa do desamparo e as grades polidas, quase imperceptíveis, da desvalorização.

Por fora, a vida pode ser um sucesso de bilheteria. Uma carreira que coleciona elogios, um relacionamento que rende boas fotos para as redes sociais, um roteiro que parece impecável aos olhos de uma plateia que mal conhece você. Mas por dentro, nos bastidores, a alma vive em um exílio silencioso, um camarim escuro de onde ela assiste, impotente, à sua própria vida acontecer no palco. Você conhece os sintomas, não adianta negar. É a ansiedade que bate ponto aos domingos, um prenúncio sombrio de uma semana inteira em que precisará vestir, mais uma vez, um personagem que já não lhe serve. É aquela fadiga crônica que nenhum café extra, nenhuma vitamina importada, nenhum feriado prolongado conseguem curar, porque não é cansaço dos músculos, é o esgotamento da alma de tanto fingir. É a irritabilidade que vaza como vapor de uma panela de pressão, explodindo justamente com quem você mais ama, porque a energia vital que você reprime para ser aceitável, para não balançar o barco, precisa encontrar uma válvula de escape.

Nos relacionamentos, dançamos as mesmas músicas tristes, repetindo coreografias aprendidas na infância. O medo da rejeição, essa ferida antiga, nos faz sabotar a intimidade que nossa alma tanto anseia, empurrando para longe o amor verdadeiro por medo de que ele também vá embora. A crença arraigada na própria incapacidade nos prende em dinâmicas de dependência ou nos faz ostentar uma autossuficiência que mais parece uma armadura pesada. A certeza sussurrada de não ter valor nos leva a aceitar afetos medíocres como se fossem a última bolacha do pacote. E assim, nos tornamos impostores no nosso próprio CPF, especialistas em sorrir para a selfie enquanto o vazio nos devora no sofá.

E o corpo? O corpo é o palco honesto, o cenário inevitável dessa tragédia silenciosa. Ele não lida bem com a incongruência. Essa desconexão profunda entre o ser que somos e o personagem que atuamos é, para nosso organismo, um estado de alerta crônico, uma ameaça sutil mas constante e desgastante. Não há como enganar a biologia. Como vimos, o sistema nervoso autônomo (SNA), o grande maestro da nossa fisiologia, fica sequestrado no modo de sobrevivência, de luta ou fuga. O eixo hipotálamo-hipófise-adrenal (HPA), nossa sofisticada central de gerenciamento do estresse, passa a bombear cortisol como se estivéssemos perpetuamente fugindo de um predador, quando, na verdade, estamos apenas tentando sobreviver a mais uma reunião de trabalho ou a um jantar em família.

Essa química do estresse, circulando cronicamente em nosso sangue, não é inofensiva. Ela é a raiz de uma cascata de desequilíbrios. Ela alimenta a inflamação silenciosa, o terreno fértil para inúmeras doenças. Ela sabota a digestão, perturba a comunicação vital entre o intestino e o cérebro, afetando nosso humor e nossa clareza. Ela desregula o sono, nos roubando o descanso reparador. Ela enfraquece o sistema imunológico, nos deixando vulneráveis. A mente sofre, claro, mas porque o organismo inteiro está em um estado de desequilíbrio profundo, de perda da sua homeostase, da sua harmonia vital, da sua dança inteligente de autorregulação. A conta, invariavelmente, chega. E muitas vezes ela vem em forma de um diagnóstico que não entendemos de onde surgiu, sem percebermos que ele foi gestado por anos de desconexão da nossa verdade.

Mas, então, um dia, algo acontece. Um instante de clareza brutal. Talvez diante do espelho, talvez no silêncio de uma insônia, talvez no meio de uma crise que põe tudo abaixo. Você finalmente admite com uma voz que vem das profundezas do seu ser: "Chega". Esse momento não é o início da derrota. Pelo contrário. É seu ato mais decisivo de coragem. É sua força vital, por tanto tempo adormecida, declarando que se recusa a morrer por asfixia. É o ponto zero da sua revolução humana.

E é nesse instante de honestidade visceral que a vida lhe entrega um decreto de liberdade, uma verdade que a neurociência moderna confirma com reverência e assombro: seu cérebro não é uma sentença de pedra. Sua biologia não é seu destino. O nome disso é neuroplasticidade. É a capacidade extraordinária, magnífica e inata do cérebro de se reorganizar, de criar novos caminhos, de aprender, curar e se transformar em qualquer idade, em qualquer condição. As trilhas neurais da dor, do medo e da limitação, que hoje parecem uma rodovia intransponível na sua mente, podem, com intenção e prática, se tornar meras picadas na vasta floresta do seu ser.

A mesma biologia que aprendeu a reagir com medo, com base nas experiências do passado, tem um potencial ilimitado para aprender a responder com sabedoria, com base na sua decisão no presente. E a neuroresiliência é a sua determinação de se tornar o protagonista consciente desse processo. Você não é um mero espectador da sua vida, assistindo a um filme cujo final já foi escrito. Você é o regente da sua orquestra interior, o autor da sua própria história. Você tem o poder e a nobre missão de usar sua consciência, sua intenção e a sabedoria inata do seu corpo para forjar um novo eu, para cultivar deliberadamente os estados de ser que levarão você à vitória sobre suas próprias limitações.

Sim, as feridas do passado podem lhe ter dado o mapa detalhado da sua prisão. Elas mostraram onde estavam os muros, as armadilhas, os pontos de dor. Mas a neuroplasticidade, meu amigo, minha amiga, lhe entrega a chave mestra. A jornada para fora dos muros é, portanto, um processo de integração, uma dança de libertação que acontece em várias pistas ao mesmo tempo, um diálogo profundo com a vida. Antes de nos aprofundarmos em cada caminho de apropriação, é fundamental entender a natureza dessa jornada. Ela não é um checklist a ser cumprido, mas uma sinfonia a ser vivida, na qual cada movimento se entrelaça e fortalece o outro, conduzindo à grande obra de arte que é uma vida inteira e autêntica. O primeiro movimento é sempre o retorno ao corpo, o reconhecimento de que a verdade primária não é um pensamento, mas uma sensação. O segundo é a construção de uma base segura, a decisão de transformar o terreno interno de um campo de batalha em um santuário de paz. O terceiro é a corajosa liberação das energias antigas, permitindo que o rio da vida volte a fluir. O quarto é o ato deliberado de plantar um novo jardim, de nutrir as sementes da pessoa que você decide ser. E o quinto, e talvez o mais sublime, é reaprender a dançar em conjunto, reconhecendo que nossa cura e nossa alegria se completam na conexão com o outro. Essa é a promessa. Esse é o caminho.

O CAMINHO DA APROPRIAÇÃO: FORJANDO UMA NOVA REALIDADE

A grande revolução humana não acontece em discursos inflamados, mas na quietude de uma decisão sustentada pela prática diária. Ter a chave da liberdade nas mãos não significa nada se não tivermos a coragem de girá-la na fechadura e a disciplina de atravessar a porta. Apropriação é isto: é o processo de transformar o conhecimento em experiência e a esperança em realidade biológica. É aqui que nos tornamos os protagonistas, os artesãos da nossa própria cura. Vamos mergulhar em cada um dos caminhos da libertação, não como teorias, mas como um manual prático para forjar um novo destino.

1. O retorno ao corpo que sente: a sabedoria dos marcadores somáticos

Por muito tempo, a cultura ocidental nos ensinou a desconfiar do corpo e a supervalorizar a razão. Uma tolice monumental. Não existe mente sem corpo. Não existe pensamento sem uma base biológica. Seus sentimentos, aquelas experiências que definem a cor da sua vida, são, em essência, a percepção consciente do estado do seu organismo inteiro. A chave para a libertação não está primariamente em "pensar positivo", mas em aprender a sentir com mais sabedoria e clareza. Seu corpo, através de um repertório riquíssimo de sensações viscerais – o aperto na garganta, o frio na barriga, a expansão no peito, a tensão nos ombros –, está constantemente lhe enviando dados cruciais para a sua sobrevivência e bem-estar. Esses são os marcadores somáticos, atalhos que sua biologia inteligente criou, com base em toda a sua história de vida, para lhe dizer o que é seguro, o que é perigoso, o que está alinhado com a sua verdade e o que representa uma traição à sua essência. Ignorá-los é como pilotar um avião em uma tempestade, no escuro, com os instrumentos de navegação desligados. É uma receita para o desastre.

- O caminho da apropriação: A prática é simples, mas radicalmente transformadora. Comece a cultivar a escuta interior. Faça pausas deliberadas ao longo do dia, mesmo que por trinta segundos. Feche os olhos, respire fundo e pergunte: "O que meu corpo está me dizendo agora?". Não tente analisar, rotular ou contar uma história sobre a sensação. Apenas sinta. É um nó? Uma leveza? Um formigamento? Um calor? É um impulso para se afastar ou para se aproximar? Ao dar atenção a esses sinais, você está reativando sua bússola mais fundamental. Você está religando a comunicação com a sua sabedoria inata. Está aprendendo a ler o mapa da sua própria verdade, que não está nos livros ou nas opiniões alheias, mas gravado em suas próprias entranhas.

2. A construção da fortaleza interior: regulando o alarme biológico

Ninguém consegue construir uma vida nova, criativa e amorosa sobre um terreno interior que vive em perpétuo estado de guerra. É impossível. Para curar, para florescer, é imperativo ensinar ao nosso sistema nervoso a melodia da paz. Precisamos, com a determinação de um mestre, sair do modo de defesa crônico e cultivar o estado de segurança e conexão social. Essa é a base neurofisiológica para todo o resto. Sem um sistema nervoso regulado, qualquer tentativa de mudança será constantemente sabotada pelo alarme interno do medo.

- O caminho da apropriação: A respiração é o controle remoto do seu estado interior. Respire com intenção. Uma respiração lenta, profunda, que movimenta o abdômen (a respiração diafragmática), é a maneira mais rápida e eficaz de comunicar ao cérebro que a ameaça passou. Pratique isso várias vezes ao dia. Suspire longamente, liberando a tensão. Cante no chuveiro, assobie uma melodia. O som, através da sua vibração, estimula o nervo vago, o grande mensageiro da calma no corpo. Busque a natureza, sinta o sol na pele, os pés na grama. Busque o abraço sincero e demorado de alguém em quem confia. Cada um desses gestos é um ato concreto de forjar um estado de vida invencível, de construir uma fortaleza de serenidade interior que nenhuma tempestade externa pode abalar.

3. A liberação da energia congelada: quando o corpo volta a respirar

Quando vivemos um trauma, uma perda ou uma dor intensa, a imensa energia que nosso corpo mobiliza para sobreviver (lutar, fugir ou congelar) muitas vezes não tem a chance de se completar e ser descarregada. Essa energia de sobrevivência fica, então, "presa" no corpo, como se o organismo congelasse no tempo, no momento do impacto. Com o passar dos anos, essa carga acumulada se manifesta como ansiedade inexplicável, depressão, falta de clareza, hiperatividade ou um esgotamento emocional profundo. O corpo continua lutando uma guerra que já acabou.

- O caminho da apropriação: As vivências corporais, emocionais e energéticas propostas no Treinamento Namastê (desenvolvido por mim e pela minha esposa, a Daniela) atuam como um "*reset*" profundo para o sistema. Em um ambiente seguro e contido, através da escuta compassiva do corpo, do toque terapêutico, da respiração consciente e do movimento que permite a expressão, o sistema nervoso tem a oportunidade de se reorganizar. A energia congelada é gentilmente convidada a se mover e a se completar. A cicatriz emocional não é apagada, mas deixa de ser tóxica, de comandar o presente. A dor se integra como sabedoria, a energia vital volta a circular livremente, e o corpo recupera a capacidade natural de viver com leveza, presença e verdade.

4. O florescimento do novo jardim: a decisão deliberada de ser feliz

Com o corpo mais regulado e a mente mais clara, entramos na fase mais ativa e gloriosa da nossa revolução humana: a de deliberadamente cultivar o novo. Isso não se trata de esperar a felicidade chegar; e sim de decidir criá-la, dia após dia. É um ato de disciplina, de foco e, acima de tudo, de profundo amor-próprio.

- O caminho da apropriação: Desafie a voz da ferida. Torne-se um advogado implacável da sua própria felicidade. Quando a crença limitante ("eu não sou bom o suficiente") aparecer, questione-a com fatos, com evidências, com determinação. Crie uma nova narrativa para sua vida, uma história baseada em suas forças, em sua resiliência e em sua decisão de vencer. E, fundamentalmente, pratique saborear o bem. Quando algo bom acontecer, por menor que seja – um elogio sincero, um momento de paz, o riso de uma criança, o sabor de uma fruta –, pare de vinte a trinta segundos. Respire fundo e sinta essa experiência positiva no seu corpo. Ancore-a. Ao fazer isso, você está usando a neuroplasticidade a seu favor, construindo e fortalecendo as sinapses da felicidade, do bem-estar e da confiança em seu cérebro.

5. A dança da vida em conjunto: o poder invencível do nós

A jornada da alma nunca foi, e nunca será, um esporte individual. Somos seres sociais, nascidos para a conexão. Nossa biologia anseia por laços seguros como as plantas anseiam pelo sol. A cura e o florescimento se aceleram e se aprofundam de modo exponencial quando aprendemos a dançar com os outros.

- O caminho da apropriação: Cultive, com o zelo de um tesouro, relacionamentos nos quais se sinta seguro para ser inteiramente você. A presença calmante e empática de outra pessoa (o fenômeno da corregulação) é um dos reguladores mais poderosos para nosso sistema nervoso. Nossos neurônios-espelho, essa maravilha da biologia, não nos permitem apenas entender o outro, mas sentir com ele. Ao se cercar de pessoas que vibram na frequência da saúde, da esperança, da coragem e do crescimento, você está criando um campo de ressonância que nutre e sustenta sua própria transformação. A vitória de um amigo se torna a sua esperança. Sua coragem inspira a coragem do outro. Juntos, criamos uma onda de mudança positiva que começa em nós e se espalha para o mundo.

Pergunta poderosa final

Sabendo agora que suas cicatrizes são o mapa de uma antiga geografia e que a chave para um novo continente reside na sua decisão de reescrever a própria partitura biológica, a hora do ensaio terminou. Como protagonista absoluto da sua revolução humana, qual é o decreto de vitória, a missão sagrada que você assume para si? E para selar esse voto, qual é a primeira, minúscula e inegociável semente de autenticidade – um limite honrado, uma respiração de poder, uma escolha que nutre – que seu corpo e sua alma plantarão, juntos, no jardim da sua vida hoje?

CAPÍTULO 7

O DESPERTAR DO SEU ALQUIMISTA INTERIOR: RECONHECENDO O OURO QUE RESIDE EM SUAS CICATRIZES

Permita-me, antes de seguirmos essa jornada de redefinição de seus horizontes mais íntimos, compartilhar um fragmento da minha trajetória, uma confissão sincera de quem também trilhou os caminhos da incerteza para encontrar a força da alma. Minha busca pela originalidade, essa essência divina que nos torna únicos, plenos e radiantes, não foi um percurso linear, previsível ou isento de desafios profundos. Pelo contrário, foi uma jornada forjada no calor das minhas próprias rupturas, nos momentos cruciais em que a vida que eu levava, embora pudesse parecer "correta" ou "adequada" aos olhos condicionados do mundo, começou a parecer pequena, restritiva demais para a vastidão dos anseios que ecoavam em minha alma.

Conheci de perto, e com intensidade, o medo paralisante que surge diante do desconhecido, em especial quando ousei questionar com coragem e deixar para trás estruturas, crenças limitantes e situações que, embora familiares e até confortáveis, já não me serviam mais, aprisionavam meu potencial mais luminoso. Foi como estar à beira de um precipício, com a névoa densa da dúvida encobrindo o que havia adiante. No entanto, foi nesse salto para o aparente "vazio", nessa entrega consciente e confiante à dança da incerteza, que redescobri, com uma clareza que transformou cada fibra do meu ser, a força pulsante, indomável e resiliente que reside no âmago sagrado de cada ser humano – a extraordinária capacidade de nos recriarmos, de florescermos a partir das nossas próprias cinzas.

E é com a serenidade no olhar e a convicção inabalável no coração de quem vivenciou essa travessia, de quem enfrentou as próprias sombras para encontrar a luz da sua verdade, que afirmo: você também carrega esse poder monumental, essa chama inextinguível e divina dentro de si! Este capítulo foi concebido, com todo o meu amor, para ser seu mapa sagrado, sua bússola interior, uma ferramenta para você acessar, despertar e manifestar essa potência que ainda está adormecida aí dentro, mas que anseia por libertação. Sinta em seu coração: você está pronto(a) para acender essa luz, para reivindicar seu poder inato e sua magnificência? Então vamos juntos, de mãos dadas com a coragem que brota da alma e o coração escancarado para o novo, rumo ao encontro da sua mais autêntica, poderosa e radiante versão.

O ALICERCE DA ALMA: A ALQUIMIA DA DOR

Antes de abrirmos as velas para explorar as **sete forças identitárias**, existe um trabalho de base, um mergulho corajoso e indispensável. Chamo esse processo de **alquimia da ferida original ressignificada**.

Pense nisto: esse processo não é uma das sete forças. Ele é o **terreno fértil**, a fundação essencial sobre a qual todas as outras forças se erguerão com majestade e solidez.

Todos nós carregamos marcas de experiências que nos feriram – as dores do desamor, do desamparo ou da desvalorização. Essas "feridas originais" podem ditar nossas escolhas no presente, nos prendendo em ciclos de autossabotagem, como repetir relacionamentos dolorosos ou nos lançar em uma busca exaustiva por validação externa que nunca preenche o vazio.

Nossa reação mais comum é esconder essas dores, seja pela negação, pela racionalização excessiva ou por nos identificarmos tanto com o sofrimento que ele vira nossa identidade. No entanto, a chave para a liberdade não é tentar apagar a cicatriz – pois ela é o mapa da sua jornada e a prova da sua resiliência. O segredo da alma está em **transformar radicalmente o significado que você atribui a ela.**

A alquimia que proponho aqui é um ato nobre: garimpar, no meio da dor, as pepitas de ouro da sabedoria, da força e da resiliência que foram forjadas ali. Sua dor, com toda a sua densidade, é o seu "chumbo". Sua consciência e sua capacidade de dar um novo sentido a ela são o "fogo transmutador".

Trata-se de reivindicar para si, com amor e autoridade, a força e a sabedoria que nasceram justamente daquela adversidade. Quando você tem a coragem de acender a luz da consciência nesse porão esquecido da alma, descobre que ali não moram apenas sombras, mas tesouros de força que podem ser usados para construir uma vida mais autêntica e magnífica.

A ALQUIMIA NA PRÁTICA: O VOO DE SOFIA, A EMPREENDEDORA QUE DESPERTOU SUA ÁGUIA INTERIOR

Deixe-me compartilhar a história de Sofia, que ilustra essa alquimia na prática. Sofia era uma consultora de imenso talento, com ideias brilhantes para seu negócio de impacto social. Contudo, uma força invisível, um medo profundo, a mantinha estagnada. Seus projetos começavam com grande entusiasmo, mas, por algum motivo, paravam sempre no "quase lá", o que alimentava uma autocrítica feroz e uma dolorosa sensação de desvalorização.

Em nosso trabalho de mentoria, mergulhamos fundo em seu mar interior. Descobrimos que sua "ferida original" no campo profissional estava ligada a uma experiência marcante de sua adolescência. Em um projeto escolar, ela apresentou uma ideia visionária com paixão, mas foi ridicularizada publicamente por um professor cruel. Aquela humilhação instalou nela a crença limitante e devastadora: "Minhas ideias não têm valor. Se eu me expuser, serei rejeitada". Esse "software defeituoso" rodava silenciosamente em seu inconsciente, sabotando seus empreendimentos adultos.

O momento da grande virada para Sofia foi quando ela, com uma coragem admirável, revisitou essa memória com um novo olhar. Ela percebeu, com uma clareza que trouxe lágrimas de alívio, que a crítica do professor falava muito mais das limitações e frustrações dele do que do valor intrínseco dela ou de suas ideias.

Naquele instante, ela honrou a coragem daquela jovem que um dia ousou ser autêntica e decidiu, com uma convicção inabalável, resgatar aquela força primordial para o presente. A crítica deixou de ser uma sentença e se tornou um teste à resiliência dela, um convite a seu crescimento.

A partir daí, algo extraordinário aconteceu. Sofia começou a apresentar seus projetos com uma nova confiança, uma energia que contagiava. Parou de buscar aprovação externa e focou a excelência de seu trabalho e o impacto que desejava gerar. Sua ferida, antes uma âncora que a prendia no medo, tornou-se um poderoso trampolim para alturas inimagináveis. Ela parou de operar em um "mercado interno" de autocrítica e abriu as portas para um "vasto campo de oportunidades", no qual sua voz singular passou a ser ouvida, respeitada e imensamente valorizada. Hoje, sua consultoria não apenas prospera, mas ela se tornou uma inspiração para outras pessoas, mostrando que é possível reescrever o próprio destino com letras douradas de coragem e sucesso.

Perguntas poderosas para iluminar seu caminho

- Identifique uma dor ou frustração recorrente, seja ela pessoal ou profissional, que se manifesta como um padrão em sua vida. Se essa experiência fosse um sábio mensageiro com um mapa do tesouro exclusivo para você, que área específica da sua vida ele estaria iluminando intensamente agora, implorando por sua atenção, por sua consciência radiante, por uma cura profunda e por uma transformação absoluta? Qual é o primeiro passo audaz e imediato, por menor que pareça aos olhos da mente crítica, que você se compromete a dar neste momento para transmutar o "chumbo" denso dessa experiência no mais puro "ouro" da sua evolução pessoal e espiritual?
- Conecte-se mentalmente, com ternura e coragem, com a lembrança de um "fracasso" ou uma "decepção" passados que ainda exercem algum peso emocional sobre você. Revisite essa experiência, mas agora com um olhar de aprendiz curioso e dedicado, buscando ativamente os presentes ocultos, os tesouros de sabedoria que ali residem. Se pudesse extrair dessa vivência três pérolas de sabedoria essenciais, três aprendizados fortalecedores que equipam você com uma nova força e perspectiva hoje, quais seriam? E como essas pérolas podem se tornar a chave mestra para você redirecionar sua energia divina, deixando de lutar batalhas perdidas do passado, para cultivar com amor e dedicação o seu jardim de dons únicos no presente?
- Chegou seu momento de decisão irrevogável, de um basta definitivo ao que não serve mais! Qual padrão de autossabotagem específico, ou qual crença paralisante central que o(a) acorrenta ao medo e à inércia você está finalmente pronto(a), decidido(a) e comprometido(a) a aniquilar

da sua vida, a partir deste instante sagrado? Reconheça que isso é apenas um eco, uma sombra residual de uma ferida antiga que não pertence mais a você! Qual nova escolha consciente, vibrante e empoderadora você fará hoje, com todo o seu coração, para começar a esculpir um presente luminoso e um futuro extraordinário em que sua força titânica e sua originalidade magnífica possam explodir em cores, luz e pura realização?

CAPÍTULO 8

AS RAÍZES VIVAS DA ALMA

Esperamos nove longos meses pela chegada de um filho, como quem anseia pelo nascer do sol depois de uma longa noite escura. O coração se prepara em quietude, a casa se enfeita de esperança, a alma ensaia canções de ninar que embalam sonhos. Eu esperava minha segunda filha com essa mesma mistura de ansiedade doce, que faz o peito vibrar, e um amor que já transbordava antes mesmo de poder tocá-la. Sonhava com o choro inicial, aquele som primordial, quase selvagem, que anuncia a vida rompendo o véu do mistério, o instante mágico e indescritível em que seguraria aquele pequeno milagre em meus braços.

O que veio, porém, não foi o choro esperado. Foi o silêncio. Um silêncio denso, pesado como chumbo, que cortou o ar da sala de parto com a frieza de uma lâmina afiada. Um silêncio que gritava mais alto, mais desesperadamente, do que qualquer som. Quando a porta se abriu, não foi a enfermeira sorridente que entrou, trazendo a boa-nova, mas uma figura de semblante grave, cujos olhos fugidios evitavam os meus. E então, a voz, tentando soar técnica, mas carregada de uma urgência que congelou meu sangue nas veias, anunciou as palavras que nenhum pai, nenhuma mãe, está preparado para ouvir: "Sua filha teve uma complicação séria no parto. Precisará ser transferida imediatamente para um hospital que tenha UTI neonatal especializada".

Naquele instante, o mundo não parou. Ele desabou. O chão desapareceu sob meus pés, e senti como se um buraco negro se abrisse no centro do meu peito, engolindo toda a luz, toda a esperança, toda a alegria que me habitava segundos antes. Não houve lágrimas. Não houve gritos. Apenas uma paralisia profunda. Era o medo em sua forma mais pura, mais visceral, me visitando sem pedir licença e se apossando de mim.

Saímos do hospital e, atrás da ambulância neonatal, fomos para o outro hospital. Dani e eu caminhamos como autômatos por corredores frios e silenciosos, cada passo ecoando o vazio em nós. E então, a vimos. Tão pequena, tão inimaginavelmente frágil, cercada por uma parafernália de tubos, fios e monitores que apitavam em ritmos assustadores, como prenúncios sombrios. Vê-la ali, lutando pela vida através do vidro frio de uma incubadora, foi como ter o coração arrancado do peito e esmagado lentamente diante dos meus olhos. Eu queria tocar, abraçar, proteger com a força de um leão, mas tudo o que podia fazer era olhar. Um olhar impotente, desesperado, que se perdia na imensidão do medo. Cada bip das máquinas ecoava em minha alma como uma contagem regressiva para o pior, para o impensável.

O médico se aproximou. O rosto carregava a máscara da objetividade profissional, uma couraça contra o sofrimento alheio que, naquele momento, soou para mim como uma crueldade gélida. Ele nos olhou com aquela distância calculada e pronunciou as palavras que nenhum pai, nenhuma mãe, jamais deveria ouvir: "A situação é extremamente grave. Não posso garantir nada". Garantir nada. Aquelas palavras ecoaram dentro de mim como o estilhaçar de mil vidros, como um trovão que anuncia o fim. Era a escuridão total, a ausência completa de esperança. Minhas pernas fraquejaram, o ar rareou em meus pulmões, o desespero gritou por dentro, em um eco ensurdecedor: "Acabou. Não há mais o que fazer".

E, então, no epicentro daquela devastação interna, quando tudo parecia perdido, um milagre aconteceu. Algo que não veio da mente racional, nem da lógica fria, nem do medo paralisante. Veio de um lugar mais fundo, que eu nem imaginava existir em mim com tanta força e certeza. Uma chama pequena, teimosa, quase insana em sua persistência, acendeu-se no centro daquele buraco negro em meu peito. Uma certeza que não era pensamento – era vibração pura. Era a voz da alma, indomável e certa.

Reuni os cacos da minha força que jaziam espalhados pelo chão da minha alma, olhei nos olhos daquele médico que representava a ciência e suas limitações e, com a voz embargada, mas carregada de uma convicção que me atravessava como um raio de luz, eu disse: "Doutor, você pode não garantir nada, mas EU garanto. Minha filha vai viver. Ela não veio até aqui para desistir. Ela veio para florescer. Ela tem um propósito nesta vida. E nada, absolutamente nada, vai impedir isso".

Não sei de onde vieram aquelas palavras, com que força foram proferidas, mas sei que, ao pronunciá-las, algo mudou. O medo não desapareceu por completo, mas perdeu o comando. A certeza assumiu o leme da minha alma. A partir daquele instante, Dani e eu nos tornamos presença. Presença absoluta, amorosa, inabalável ao lado da nossa filha. Todos os dias, todas as horas, cada minuto. Não importavam os diagnósticos sombrios, os prognósticos reservados, os olhares preocupados da equipe médica. Nós estávamos ali. Com a mão estendida sobre a incubadora, enviando uma correnteza de amor. Com a fé inabalável ancorada no coração, sustentando a vida que teimava em pulsar. Com a certeza que se recusava a ceder um milímetro que fosse ao medo.

E a vida, a vida respondeu. A cada pequeno avanço dela – um suspiro um pouco mais forte, um dedinho que se mexia timidamente, um olhar que parecia reconhecer nossa presença ali, incansável – era como se o universo inteiro conspirasse a nosso favor, como se anjos sussurrassem canções de esperança. O coração dela batia e, ao fazê-lo, fortalecia o nosso. A respiração dela se firmava e, ao fazê-lo, nos dava novo fôlego. Até que, depois de dias que se arrastaram como séculos, ouvimos o som mais lindo, mais celestial do mundo: o choro. Frágil, sim, mas potente em sua mensagem. O choro que rompeu o silêncio do medo. O choro que anunciou ao universo: "Eu estou aqui. Eu venci". Segurá-la no colo, finalmente, pele com pele, coração com coração, foi como abraçar o próprio milagre. Foi entender que fé não é acreditar cegamente que tudo vai dar certo. É saber, com uma certeza que transcende a lógica, que, mesmo na mais profunda escuridão, você não está sozinho. E que a voz da alma, quando fala com tamanha certeza, silencia qualquer medo.

O NASCIMENTO DAS FORÇAS: AS RAÍZES QUE SEMPRE ESTIVERAM AÍ, EM VOCÊ

Essa voz que emergiu em mim naquele momento de medo absoluto, essa certeza que não veio da lógica fria, mas de um lugar mais profundo, mais antigo e inexplicável, não era um privilégio meu, um dom exclusivo. Ela é um eco sagrado de algo que vive e pulsa dentro de cada um de nós, mesmo quando, na correria da vida ou sob o peso das dores, esquecemos completamente de sua existência. Depois de atravessarmos juntos os labirintos das feridas invisíveis – do desamor, do desamparo, da desvalorização –, depois de reconhecermos com coragem como as dores antigas moldam nossos medos e nossas máscaras de proteção, chegamos agora a um território sagrado dentro de nós: o território daquilo que, apesar de todas as tempestades, permaneceu intacto, puro, indomável.

Existe algo dentro de você, aí mesmo onde você está agora, que nunca foi quebrado pelas quedas da vida. Algo que as comparações injustas não diminuíram em sua essência, que as rejeições dolorosas não apagaram de sua alma, que as perdas mais sentidas não destruíram em seu núcleo. Algo que talvez tenha sido soterrado pelo medo paralisante, silenciado pela necessidade de adaptação para sobreviver, esquecido pela pressa frenética do mundo moderno, mas que continuou pulsando, vivo, resiliente, esperando pacientemente pelo momento do reencontro, do seu despertar. Esse algo não é uma habilidade que você precisa aprender do zero, como se fosse uma nova língua, nem uma qualidade que o sucesso externo ou o aplauso alheio pode lhe conceder. É a sua estrutura essencial, uma rede invisível de raízes profundas e poderosas que sempre estiveram aí, em seu ser, sustentando sua identidade mais verdadeira e luminosa, mesmo quando você acreditava que precisava ser outro, ser diferente, para merecer existir, para merecer amor e felicidade.

Essas raízes são o que chamo, com profunda reverência e alegria no coração, de **forças identitárias**. Elas não foram criadas pelas suas feridas; foram, na verdade, muitas vezes, abafadas por elas. Escondidas sob camadas de dor, talvez sufocadas pela falta de reconhecimento, mas jamais, jamais destruídas. E agora, à medida que você começa a limpar o terreno interno com a vassoura da consciência, a reconhecer suas dores com a ternura da autocompaixão, a escolher com coragem voltar para casa, para dentro de si, essas raízes começam a despertar. A pulsar com nova vida. A chamar por espaço para crescer, para se expandir e para se manifestar em toda a sua glória. As forças identitárias são como as raízes de uma árvore magnífica e ancestral: quanto mais nutridas com amor e presença, mais fortes e profundas se tornam, mais sustentam a copa frondosa e exuberante da sua originalidade, da sua verdade única no mundo. Elas não são frutos a serem colhidos apenas no final de uma jornada árdua e longa; são sementes divinas que já existem dentro de você, pedindo apenas que sejam regadas com sua presença atenta, com sua consciência desperta e com seu amor incondicional.

E cada uma dessas forças representa uma dimensão fundamental da sua verdade mais íntima, uma faceta luminosa da sua alma original. São sete movimentos essenciais da vida que pulsa em você, esperando para serem vividos em plenitude:

- A **coragem de ser**: A força silenciosa, radical e libertadora de existir como você verdadeiramente é, sem a necessidade desgastante de se moldar para caber nos padrões estreitos ou nas expectativas alheias. É a ousadia sagrada de bancar sua essência, de sustentar sua verdade interior, mesmo diante do medo ancestral da rejeição ou da crítica. Ser, simplesmente ser, com tudo o que você carrega em sua bagagem de alma, é talvez o ato mais revolucionário e poderoso que existe.
- A **visão autêntica**: A capacidade cristalina de enxergar a vida, a si mesmo e o mundo com seus próprios olhos, libertando-se das lentes distorcidas pela dor do passado ou impostas pela cultura e pelo condicionamento social. É recusar as máscaras coletivas que nos aprisionam e ousar ver a verdade que ressoa em sua alma, mesmo que ela seja diferente da convenção, do que é esperado.
- A **expressão verdadeira**: A força vital e criativa de colocar para fora, com autenticidade e integridade, o que pulsa vigorosamente dentro de você – suas emoções mais profundas, suas ideias mais brilhantes, suas intuições mais sutis, seus sonhos mais acalentados. É transformar seu mundo interno em palavras que curam, em gestos que conectam, em criações que inspiram, em conexões humanas autênticas e nutritivas. É dar ao mundo o presente inestimável da sua voz única, sem filtros excessivos, sem edições motivadas pelo medo de não ser aceito.
- A **criação original**: O impulso divino de ir além da mera repetição, de criar novas formas, novos caminhos, novas soluções que nascem da sua perspectiva única e singular sobre a vida. Criar é participar ativamente do fluxo sagrado da vida, deixando sua marca singular, sua digital divina

impressa na tela da existência, gerando beleza, significado e impacto que só você, com sua combinação única de dons e experiências, poderia oferecer ao mundo.

- A **presença inteira**: A habilidade preciosa de estar onde você está com todo o seu ser – corpo, mente, coração e alma. De ancorar sua consciência no templo sagrado do agora, sem se perder nas ruminações melancólicas do passado ou nas ansiedades paralisantes sobre o futuro. É a ponte viva entre sua essência mais profunda e a realidade cotidiana, o ponto de encontro mágico no qual você se torna totalmente disponível para a vida, para o amor, para o milagre.
- A **inspiração viva**: A força que conecta você ao fluxo maior da existência, à inteligência universal, transcendendo o mero esforço da vontade ou a disciplina rígida. É viver em estado de sintonia fina com algo que o(a) move de dentro para fora, com um entusiasmo que brota da alma, sentindo que sua vida faz parte de uma tapeçaria maior, de um propósito divino, pulsando em cada respiração, em cada escolha, em cada encontro.
- A **transcendência**: A capacidade sublime de ir além dos limites estreitos do ego individual, de transformar suas próprias dores e seus aprendizados mais profundos em algo que eleva, que cura, que ilumina não apenas sua própria vida, mas também a daqueles que cruzam seu caminho. É fazer da sua jornada pessoal um serviço silencioso e amoroso à vida, uma contribuição única para a evolução da consciência coletiva.

É crucial entender que essas sete forças não são degraus a serem escalados em uma sequência linear e rígida. São como as raízes de uma mesma árvore sagrada: entrelaçadas, interdependentes, pulsando juntas em harmonia. Cada uma delas, ao ser nutrida com sua atenção e amor, fortalece todas as outras, criando uma sinfonia de poder interior. A **coragem de ser** abre espaço para a **expressão verdadeira** florescer. A **visão autêntica** alimenta a chama da **criação original**. A **presença inteira** é o solo fértil para a **inspiração viva** se manifestar. A **transcendência** dá um sentido maior e mais profundo a todas as outras. A jornada, portanto, não é linear, como uma corrida com linha de chegada; é orgânica, como o desabrochar de uma flor.

Trata-se de nutrir o campo inteiro da sua alma, cuidar do todo com paciência e amor. Qual dessas forças você sente que mais pulsa em você neste momento, mesmo que timidamente, como um broto tenro, pedindo que seja reconhecida, acolhida e nutrida por você?

Como toda raiz que cresce forte e profunda, essas forças pedem paciência, amor constante, presença atenta. Elas não respondem à pressa ansiosa do mundo externo, não florescem sob a pressão esmagadora da performance impecável, não se revelam para quem busca apenas resultados rápidos e superficiais. Elas se abrem, como flores raras, para quem se compromete, de coração e alma, com o processo vivo, sagrado e contínuo de Ser quem se é. É por isso que não basta sentir um alívio momentâneo ao reconhecer uma ou duas dessas forças em você e achar que a jornada chegou ao fim. A vida, em sua infinita sabedoria, continuará nos chamando de volta, com amor e persistência, sempre que tentarmos parar no meio do caminho, lembrando-nos, por meio das inquietações e saudades da alma, que ainda há raízes esperando por água fresca, que ainda há forças esperando para despertar em sua plenitude. O chamado não é por perfeição, mas por inteireza.

O COMPROMISSO INABALÁVEL COM A ALMA

A jornada para despertar e integrar essas forças identitárias em sua vida, para permitir que as raízes da sua alma se aprofundem e sustentem uma existência original, autêntica e plena, não é um caminho reto, previsível e sempre iluminado, como um mapa turístico. Há uma parte essencial e sagrada dessa travessia que não pode ser planejada com exatidão, controlada pela mente ou prevista em seus detalhes. É o trecho da jornada no qual a névoa desce com suavidade, as certezas aprendidas se dissolvem como açúcar na água, o chão conhecido e seguro desaparece sob nossos pés e tudo o que resta é a coragem silenciosa, que brota do coração, de dar o passo seguinte, mesmo sem enxergar claramente o destino final.

Leonardo da Vinci, esse gênio da alma humana e da arte, chamou essa capacidade preciosa de navegar na incerteza com graça e confiança de sfumato: a arte sagrada de tolerar a névoa, de abraçar o mistério que a vida nos apresenta, de permitir que a existência se revele em seu próprio ritmo divino, sem forçar respostas ou apressar o florescimento. O sfumato não é resignação passiva; é confiança ativa e vibrante no processo da vida. É a habilidade invisível, mas poderosa, que sustenta toda transformação verdadeira, e ela se torna crucial agora que você começa a reconhecer e a se conectar com suas **forças identitárias**. Reconhecê-las é o primeiro passo luminoso, mas a travessia real, a integração profunda, exige a aceitação serena de que o processo será imperfeito, de que haverá dias de dúvida e confusão, de que o crescimento mais significativo e duradouro acontece justamente quando não temos todas as respostas prontas, mas seguimos com o coração aberto.

As raízes de uma árvore não crescem sob a luz direta e ofuscante do sol; elas se aprofundam na escuridão acolhedora da terra, no silêncio invisível e nutritivo. Assim também cresce nossa força interior: a cada passo incerto dado com fé, a cada decisão de confiar mesmo sem garantias externas, a cada momento em que escolhemos abraçar o inacabado, o imperfeito, com amor e aceitação. Você se permite caminhar mesmo quando não tem todas as respostas, abraçando essa "névoa" sagrada do processo de transformação? Haverá momentos, sim, em que a coragem de ser parecerá fraquejar diante do medo antigo da rejeição. Dias em que a **visão autêntica** ficará temporariamente embaçada pelas expectativas alheias ou pelas suas próprias dúvidas. Momentos em que a **expressão verdadeira** soará tímida, quase um sussurro. Fases em que a **criação original** parecerá bloqueada, como um rio represado. Instantes em que a **presença inteira** se fragmentará em mil pensamentos. Períodos nos quais a **inspiração viva** parecerá distante, como uma estrela encoberta por nuvens. E até mesmo a **transcendência** poderá soar como um ideal longínquo e inatingível.

Tudo isso faz parte do processo. Não é sinal de retrocesso ou de fracasso. É o sfumato em ação. É a vida, com sua pedagogia amorosa, nos ensinando que crescer não é saltar de vitória em vitória, como em um pódio olímpico, mas respirar fundo no meio da névoa, com humildade e perseverança, e, ainda assim, continuar caminhando, um passo de cada vez. O cérebro humano, condicionado por milênios a buscar controle, previsibilidade e padrões, muitas vezes resiste a essa fluidez, a essa entrega. O córtex pré-frontal, nossa central de comando racional, tenta antecipar, planejar, encontrar certezas para aliviar a ansiedade natural que a incerteza pode gerar. No entanto, a verdadeira força das nossas raízes internas não é nutrida pelo controle rígido, e sim pela confiança serena. É permitir que nosso sistema de recompensa interno valorize o processo em si, a jornada, e não apenas o resultado final. É ensinar ao nosso corpo, à nossa alma, que a segurança pode nascer da intimidade profunda consigo mesmo, da conexão com nossa essência, e não apenas da certeza externa que é sempre fugaz. Essa mudança profunda acontece por meio de pequenas permissões diárias: permitir-se sentir medo sem se julgar por isso, tropeçar sem se condenar severamente, não saber todas as respostas sem se envergonhar. É nesse acolhimento amoroso das nossas imperfeições que a força real cresce, se aprofunda e se consolida.

Caminhar na névoa não é andar à deriva, mas sim caminhar sem a rigidez da mente que tudo quer controlar, mantendo a bússola interna do coração sempre apontada para a verdade do seu ser, para aquilo que realmente importa para sua alma. Quanto mais você abraça essa dança sagrada entre a clareza e o mistério, mais livre se torna da necessidade desgastante de provar algo para alguém ou de esperar o cenário perfeito para agir. É na névoa, acredite, que as forças se aprofundam, se purificam de ilusões, se libertam de condicionamentos antigos. Nos dias difíceis, quando a névoa parecer mais densa, a prática é simples mas poderosa: respire fundo, lembre-se das raízes que crescem no escuro, confie que você já está a caminho, mesmo sem ver claramente o passo seguinte. E talvez, nesses dias, você perceba uma leveza inesperada nascendo de dentro, não porque todos os problemas se resolveram magicamente, mas porque você parou de precisar que tudo se resolvesse para, enfim, viver com paz no coração.

Contudo, há um perigo sutil nessa jornada de despertar: o do alívio inicial que, por ser tão bem-vindo, nos tenta a parar antes da hora, a nos contentarmos com pouco. Sentir a leveza de reconhecer uma força esquecida pode ser tão gratificante que a mente, cansada da luta, quer se acomodar ali, naquele oásis de bem-estar. No entanto a alma, essa sábia conselheira que habita em nós, sabe que a jornada é pela inteireza, não por fragmentos de liberdade ou por curas parciais. Parar agora seria como construir um magnífico jardim e deixá-lo pela metade, com muitas flores ainda por desabrochar. A vida, em sua amorosidade persistente, continuará chamando, por meio de inquietações sutis, de saudades inexplicáveis, de um anseio por algo mais, até que todas as forças sejam despertadas, acolhidas e integradas em nossa vida. O chamado da alma é pela sinfonia completa, pela sua obra-prima existencial.

Por isso, a travessia da alma pede mais do que passos hesitantes na névoa; ela pede um compromisso inabalável com sua própria essência, com sua verdade mais profunda. Um pacto silencioso, selado no altar do seu coração: "Eu vou até o fim. Vou atravessar todas as estações da minha alma, acolher todas as minhas partes, despertar cada uma das minhas forças sagradas, mesmo quando a mente cansada quiser parar, mesmo quando o medo tentar me desviar do caminho". Esse compromisso, longe de ser um fardo pesado, é profundamente libertador. Ele elimina a dúvida constante que nos corrói, a hesitação que rouba nossa energia vital, a negociação interna que nos impede de avançar. Você se entrega ao processo, à dança das forças, confiando que cada passo, cada queda, cada recomeço é digno, sagrado e parte essencial da sua evolução. Essa entrega genuína cria uma força interna que não depende mais de aplausos externos ou de garantias futuras. É nesse solo fértil de compromisso profundo que a verdadeira liberdade floresce, como a mais rara e bela das flores. A vida, em sua infinita generosidade, honra quem a honra até o fim. E ao escolher seguir, mesmo nas fases mais cinzentas e desafiadoras, você descobrirá, com alegria e surpresa, que a felicidade não é um troféu a ser conquistado no final da jornada, mas a energia viva e pulsante de quem caminha inteiro, autêntico e fiel à própria alma. A originalidade, esse tesouro interno que é seu por direito de nascimento, não é conquistada com esforço, mas lembrada, redescoberta, força por força, até que você habite sua vida como um templo sagrado, finalmente livre para ser quem nasceu para ser.

Perguntas poderosas para iluminar seu caminho

- Ao sentir o chamado vibrante das suas **forças identitárias** despertando em seu ser, como se raízes antigas e poderosas começassem a se mover sob a terra da sua alma, de que maneira amorosa você pode escolher ativamente abraçar a beleza sagrada e imperfeita da sua jornada e cultivar uma confiança inabalável no seu caminho, mesmo quando a “névoa do desconhecido” parecer mais densa e o medo sussurrar dúvidas em seu ouvido?

- Qual é a essência luminosa do “compromisso silencioso e inabalável” que sua alma, em sua mais profunda sabedoria, anseia que você firme **hoje**, neste instante sagrado, reafirmando sua decisão mais visceral de ir até o fim na busca pela sua inteireza, pela expressão plena da sua verdade, independentemente dos obstáculos, desvios ou das vozes externas que surjam em seu caminho?
- De que maneira prática, sentida e significativa você pode começar, a partir deste momento de clareza e conexão, a honrar cada raiz que o(a) sustenta, cada força que redescobre em si e cada passo corajoso dado nessa “sagrada volta para casa”, transformando essa jornada de autodescoberta e florescimento em uma celebração contínua e alegre da sua alma única e preciosa?

CAPÍTULO 9

A CORAGEM DE SER: QUANDO A ALMA ENCONTRA SUA VOZ SINGULAR E REESCREVE O MUNDO

Em cada um de nós reside um universo de histórias não contadas, de mun- dos que anseiam por nascer por meio da nossa voz única e intransferível. No entanto, o medo, esse antigo carcereiro da alma, nos convence de que nossas narrativas mais autênticas são insignificantes, estranhas demais para os padrões do mundo, ou simplesmente indignas de serem ouvidas com atenção e respeito. Vivemos, muitas vezes sem perceber, sob a sombra do "mercado do comum", no qual as prateleiras da aceitação parecem repletas de enredos previsíveis e personagens que já conhecemos de cor e salteado. E, nesse cenário, ousar apresentar um manuscrito que brota das profundezas da nossa singularidade pode parecer um ato de pura loucura, uma afronta à lógica fria da sobrevivência social. A **coragem de ser**, essa força primeira, visceral e absolutamente sagrada, é o sopro divino que nos impulsiona a tirar esse manuscrito da gaveta empoeirada da alma, mesmo quando as mãos tremem e o mundo lá fora parece gritar, em uníssono, que não há mais espaço para uma história como a nossa.

Pensemos, com o coração aberto e a mente curiosa, na trajetória de Joanne Rowling, antes que o mundo a conhecesse como J.K. Rowling, a arquiteta genial de um dos universos mágicos mais amados e reverenciados de todos os tempos. Sua história, veja bem, não começa nos castelos imponentes de Hogwarts, mas nos corredores bem mais áridos e desafiadores de uma vida marcada por perdas profundas, dificuldades financeiras que testavam sua resiliência a cada dia e uma profunda, quase palpável, sensação de invisibilidade. A jovem Joanne era uma sonhadora inveterada, uma contadora de histórias desde a mais tenra infância, mas o mundo adulto, com suas demandas pragmáticas e sua lógica muitas vezes cinzenta, parecia ter pouco espaço, ou quase nenhum, para a magia que fervilhava em sua imaginação transbordante. Após a universidade, vieram os empregos que não preenchiam sua alma, a dor lancinante da perda precoce da mãe – uma ferida que, mais tarde, ela mesma admitiria ter infundido uma melancolia profunda e uma busca por sentido em sua escrita. Houve o casamento desfeito, que deixou cicatrizes, a maternidade solo em meio a uma pobreza que a classificava, aos olhos frios da sociedade e, por vezes, aos próprios olhos críticos dela, como um "fracasso" retumbante. Ela chegou a se descrever, em momentos de profunda dor, como "a maior fracassada que conhecia". Quantos de nós, em momentos de profunda escuridão existencial, não nos sentimos assim, como se o peso esmagador do mundo e a indiferença gélida alheia tivessem o poder de apagar nossa própria existência, de nos tornar invisíveis?

Esses são os momentos em que os "sapatos apertados" da desesperança e da autocrítica parecem ter se fundido à nossa pele, e a ideia de ser apenas "mais do mesmo" – mais uma pessoa lutando arduamente para sobreviver, mais uma história de sonhos desfeitos e esperanças perdidas – parece ser a única narrativa possível, o único roteiro disponível. No entanto, mesmo nesse cenário de aparente desolação, em que a luz parecia ter se extinguido, algo persistia em Joanne. Uma fagulha. Uma brasa teimosa sob as cinzas. A necessidade visceral de contar uma história específica, a de um menino bruxo com uma cicatriz em formato de raio na testa, que começou a tomar forma em sua mente inquieta durante uma simples viagem de trem. Essa ideia, que poderia ter sido facilmente descartada como um devaneio escapista em meio a uma realidade tão dura e implacável, tornou-se seu refúgio sagrado, sua tábua de salvação em meio à tempestade, a expressão mais pura da sua alma tentando encontrar um caminho para respirar, para existir.

Aqui, reside o primeiro ato de imensa e transformadora coragem de ser: a decisão inabalável de honrar essa voz interior, mesmo quando todas as circunstâncias externas conspiravam ruidosamente para silenciá-la. Imagine a cena, com toda a sua crueza e beleza: uma mãe solo, dependendo da assistência social para sobreviver, rabiscando notas febris em guardanapos de cafés modestos, aquecendo-se com uma única xícara de café por horas a fio, enquanto sua filhinha dormia serena a seu lado. Não havia glamour algum, não havia plateia para aplaudir, não havia garantia alguma de que aquelas palavras um dia veriam a luz do dia, que tocariam outros corações. Havia apenas Joanne e a história que precisava, com urgência de alma, ser contada. Havia a recusa obstinada em permitir que as "experiências desestabilizadoras" da sua vida, por mais dolorosas que fossem, definissem o ponto-final da sua narrativa pessoal, da sua canção única no mundo.

O mercado editorial, com regras muitas vezes inflexíveis e tendências passageiras, era um gigante intimidador. Histórias infantojuvenis com a complexidade e a profundidade que ela imaginava para seu universo não eram o "produto" mais fácil de vender, o mais palatável para o sistema. A lógica fria da sobrevivência poderia lhe ter dito para escrever algo mais comercial, mais curto, mais alinhado com o que já funcionava, com o que já era sucesso garantido. Mas a **coragem de ser**, uma vez desperta de seu sono, uma vez acesa em sua plenitude, não negocia com o "mais do mesmo". Ela anseia, com uma sede inextinguível, pela expressão da verdade singular, da melodia única da alma, mesmo que essa verdade pareça inadequada, estranha ou "fora da caixa" para o "mercado" vigente.

Joanne não tentava ser "a próxima grande autora de fantasia" da moda. Ela estava, talvez sem plena consciência no início, mas com uma sabedoria intuitiva, tentando dar voz à própria jornada de perda, de resiliência indomável, de busca por pertencimento e significado, através dos olhos e da alma de Harry. Ela estava, de maneira análoga a uma empresa que decide criar uma solução disruptiva, e não apenas competir nos atributos já estabelecidos e saturados, eliminando de sua preocupação a necessidade premente de se encaixar em um gênero literário predefinido, ou em um estilo que agradasse a todos de imediato. Estava reduzindo a importância paralisante do medo da rejeição, que certamente a assombrava após tantas dificuldades e portas fechadas, para se concentrar na integridade e na verdade da história que pulsava dentro dela. Ela estava elevando o valor inestimável da sua imaginação, da sua capacidade singular de criar mundos complexos e personagens profundamente cativantes e humanos – mesmo que fossem bruxos, gigantes e criaturas mágicas. E, acima de tudo, estava criando um universo narrativo que era um reflexo autêntico de sua alma, com suas luzes e sombras, suas dores e esperanças, seus medos e sua coragem. Ela não apenas escrevia um livro; com cada palavra, ela reivindicava seu direito sagrado de ser a autora da própria existência, para além dos rótulos de "mãe solo falida" ou "sonhadora sem futuro" que o mundo tentava lhe impor.

Essa decisão de persistir com fé, de honrar a própria voz em meio ao caos da vida e à desesperança, é a **coragem de ser** em sua manifestação mais pura, potente e transformadora. Não é uma coragem barulhenta, de confronto direto e ostensivo, mas a coragem silenciosa, resiliente e obstinada de quem se recusa, com cada fibra do ser, a desistir da própria alma, mesmo quando o mundo lá fora parece ter desistido dela. É a coragem de quem, em vez de tentar se encaixar em um mercado que a rejeita e não a compreende, começa a criar, a partir do próprio ser, um "espaço de valor" tão único, autêntico e poderoso que, eventualmente, o mundo terá que se curvar para admirá-lo, reconhecê-lo e celebrá-lo.

A jornada de Joanne Rowling até a publicação do primeiro livro de Harry Potter foi árdua e repleta de obstáculos. Doze editoras rejeitaram o manuscrito. Doze vezes, o mercado disse um sonoro e desalentador "não" a sua criação, a seu sonho, a sua voz. Quantas vezes, em nossa própria vida, um "não" externo, uma crítica, uma porta fechada, se torna o veredito final para nossos sonhos mais caros, para nossas aspirações mais profundas? Quantas vezes permitimos que a avaliação alheia, muitas vezes baseada nos critérios limitados do "mais do mesmo", silencie a voz potente da nossa originalidade, da nossa singularidade divina? O desafio de romper com as experiências desestabilizadoras do passado e assumir a **coragem de ser** quem se nasceu para ser reside na capacidade de ouvir um "sim" interior que seja mais alto, mais forte, mais convicto do que todos os "nãos" externos que possam surgir.

Cada rejeição poderia ter sido a pá de cal em sua esperança, o reforço da crença limitante de que sua história não tinha valor, de que sua voz não merecia ser ouvida. Mas a **coragem de ser**, uma vez acesa em sua plenitude, alimenta-se de uma teimosia sagrada, de uma fé que transcende a lógica. Ela nos impulsiona a continuar, não por uma garantia externa de sucesso ou reconhecimento, mas por uma necessidade visceral, inegociável, de sermos fiéis àquilo que pulsa em nós como verdade, como chamado da alma. Joanne não estava apenas tentando vender um livro; estava lutando, com a garra de uma leoa, pelo direito da sua alma de se expressar, de ser ouvida, de tocar outros corações. E essa luta, travada no silêncio da persistência obstinada, no calor da fé inabalável, foi a forja da sua indomável força interior. Ela estava, sem o saber consciente mas com a guia da alma, não apenas escrevendo uma história que encantaria o mundo, mas reescrevendo o roteiro sagrado da própria vida, trocando os "sapatos apertados" da invisibilidade e do fracasso pelo prazer indescritível e libertador de caminhar, ainda que com medo e incerteza, na trilha luminosa da própria, incomparável e mágica originalidade.

A ALQUIMIA DA AUTENTICIDADE E O LEGADO DE UMA VOZ QUE DESPERTOU O MUNDO

A travessia de Joanne Rowling, da obscuridade dolorosa à consagração mundial, não é apenas uma história de sucesso literário que inspira; é um testemunho vivo e pulsante do poder transformador e libertador da **coragem de ser**, quando essa força é nutrida com amor, honrada com persistência, e se torna o leme da nossa existência. Depois das rejeições que testaram sua fé até o limite, quando finalmente uma pequena editora, com um olhar mais atento e sensível, decidiu apostar naquele manuscrito sobre um menino bruxo e seu destino extraordinário, o mundo da literatura – e a vida de milhões de leitores, jovens e adultos – nunca mais seria o mesmo. No entanto, o que permitiu que essa magia acontecesse não foi um mero golpe de sorte ou um acaso do destino, e sim a profunda alquimia interna que Joanne cultivou ao longo dos seus anos de "deserto", um processo que ecoa profundamente os princípios de quem ousa criar um "espaço de ser" radicalmente novo, autêntico e transformador, longe do congestionamento sufocante do "mais do mesmo".

A coragem de ser de Rowling não se manifestou apenas na persistência admirável diante das dificuldades quase intransponíveis, mas na própria natureza ousada e inovadora da sua criação. Ela não tentou replicar fórmulas de sucesso da literatura infantojuvenil da época, que talvez lhe garantissem uma aceitação mais rápida. Pelo contrário, ela ousou eliminar a simplicidade excessiva e a condescendência que muitas vezes caracterizavam o gênero, oferecendo aos jovens leitores (e, como se viu depois, a muitos adultos também) uma trama complexa, com temas profundos e universais como a morte, o preconceito, a coragem moral, a amizade leal e a eterna luta entre o bem e o mal que habita em cada um de nós. Ela reduziu a importância de seguir tendências editoriais passageiras e o medo de não agradar, concentrando toda a sua energia na construção de um universo coeso, rico em detalhes fascinantes, que parecia ter vida própria, pulsar com uma verdade interna.

A tirania do "mais do mesmo" é insidiosa porque, muitas vezes, se disfarça de bom senso, de pragmatismo, de "realismo" cauteloso. "É assim que o mundo funciona", sussurra a voz do programa inconsciente que herdamos. "Para ser amado, aceito, bem-sucedido, você precisa seguir as regras, se encaixar no molde, oferecer o que o mercado já consome, o que já é familiar." E nós, temendo o isolamento, a crítica ou o fracasso, internalizamos essa lógica limitante. Passamos a vida tentando adequar nossa "oferta pessoal" para que ela se assemelhe ao que já existe, ao que já foi validado e aplaudido, acreditando, equivocadamente, que a segurança reside na semelhança, na conformidade. Mas, como a Sofia do nosso caso de mentoria descobriu na própria pele, essa busca incessante por ser uma cópia aprimorada, por mais competente e esforçada que seja, nos rouba a alegria vital da autoexpressão autêntica e nos condena a uma existência na qual nossa alma se sente perpetuamente desencontrada, como um pássaro em uma gaiola dourada.

O convite sagrado da **coragem de ser** é para uma mudança radical e luminosa de perspectiva: e se, em vez de tentar competir arduamente em um "mercado de personalidades" já saturado e exaustivo, no qual todos oferecem variações do mesmo tema batido, você ousasse, com o coração em chamas, criar um "espaço de ser" novo, um oceano de possibilidades, baseado naquilo que só você, com sua história única, seus dons singulares e sua visão particular, pode oferecer ao mundo? E se a sua singularidade, aquela que você talvez tenha aprendido a esconder com tanto cuidado por medo de julgamento, fosse exatamente seu maior "diferencial competitivo" na arte sagrada de viver uma vida com significado, propósito e alegria transbordante?

Isso exige, antes de tudo, um profundo e amoroso mergulho de autoconhecimento e autoaceitação incondicional. Precisamos, como Joanne bravamente o fez, revisitar com compaixão as experiências que nos ensinaram a temer nossa própria luz, nosso próprio brilho. Talvez um olhar crítico e reprovador na infância, uma comparação dolorosa e injusta na escola, uma rejeição profissional por uma ideia considerada "ousada demais" ou "fora da curva". Esses momentos, como vimos na primeira parte fundamental do caminho da originalidade, podem ter deixado "cicatrizes vivas" em nosso sistema emocional, condicionando-nos a associar autenticidade com perigo, com dor, com solidão. Reconhecer essas feridas com compaixão profunda, sem o chicote do julgamento, é o primeiro passo essencial para liberar a energia vital que ficou presa nelas, para resgatar o poder que ali reside.

A **coragem de ser**, em sua essência mais pura, representa um ato de maestria interna, um florescimento da alma. Ela exige a capacidade de:

- Reconhecer o alarme do medo: É a sabedoria de escutar o alarme do medo ancestral soando dentro de você, como um sinal de alerta, mas sem se identificar com ele, percebendo quando ele surge mesmo que a ameaça não seja real ou tão grande quanto parece.
- Acessar a clareza interior: É usar a luz da sua autoconsciência para não ser sequestrado(a) pela tempestade emocional da reação automática de medo, mantendo a calma e a perspectiva.
- Conectar-se com a essência: É ancorar-se no porto seguro do que é sagrado e importante para você, seus valores mais profundos, sua verdade inegociável.
- Escolher a verdade: É o ato de fé e coragem de tomar a decisão de agir em alinhamento com essa voz da alma, com essa bússola interna, mesmo que isso envolva desconforto temporário ou o risco da desaprovação externa.

Essa capacidade de escolher a autenticidade sobre a conformidade, mesmo sentindo o frio na barriga do medo, é o cerne da **coragem de ser**. E a boa notícia é que ela pode ser cultivada, fortalecida, como um músculo da alma. Viver em congruência – com seus pensamentos, sentimentos e ações alinhados com sua verdade interna – ativa uma sensação intrínseca de bem-estar, de paz e de recompensa, fortalecendo o caminho da sua verdade. Viver com **coragem de ser** não é a ausência de medo; é aprender a dançar com ele, ancorado(a) na rocha inabalável da sua própria verdade.

E agora, com a alma de um alquimista pronto para transmutar chumbo em ouro, eu o(a) convido a um exercício prático e transformador.

Identifique os "atributos de competição" da sua gaiola invisível atual: pegue aquela área da sua vida na qual o "mais do mesmo" mais o(a) sufoca e faz com que sinta que sua alma não consegue respirar. Quais são os valores, comportamentos e aparências que "todos" parecem perseguir nesse contexto específico? Pelo que as pessoas são elogiadas ou recompensadas ali? Pelo que são sutilmente punidas, criticadas ou marginalizadas? Faça uma lista honesta, sem filtros. Talvez seja a busca incessante por um corpo "perfeito" segundo padrões midiáticos irreais, a necessidade de exibir uma felicidade constante e fabricada nas redes sociais, a pressão para ter opiniões "alinhadas" com seu grupo de convívio ou a obrigação tácita de seguir uma trajetória profissional linear, previsível e "segura". Esse é o seu "mapa do mercado da conformidade", o projeto da sua gaiola.

Desafie esses atributos com as quatro perguntas transformadoras de consciência:

- Eliminar: O que, entre esses atributos valorizados pelo "mais do mesmo", eu posso começar a eliminar da minha vida porque não ressoam com minha alma, porque me roubam energia vital, mesmo que "todo mundo faça" ou espere isso de mim? Pense em sacrifícios silenciosos que você faz, em máscaras pesadas que usa por hábito, em padrões de pensamento que o(a) diminuem e apagam seu brilho. Joanne começou eliminando a autocensura paralisante de suas ideias literárias mais profundas. Talvez você possa eliminar a necessidade de se comparar constantemente com os outros ou o hábito desgastante de pedir desculpas por ser quem você é.
- Reduzir: Quais desses atributos eu posso reduzir drasticamente, pois, embora talvez tenham alguma função aparente, consomem uma energia desproporcional e me afastam da minha verdade mais sagrada? Talvez seja o tempo excessivo gasto em atividades que não o(a) nutrem verdadeiramente, mas que você faz por obrigação social ou por medo de desagradar. Ou talvez a intensidade com que você se preocupa com o que os outros pensam sobre suas escolhas menos convencionais, aquelas que fazem seu coração cantar. Joanne reduziu sua dependência de "referências" externas para criar seu universo, confiando mais em sua voz interior.
- Elevar: Quais qualidades, paixões ou valores genuinamente *meus*, que são a expressão da minha alma, eu posso elevar, dando-lhes mais proeminência, nutrindo-os com mais intenção e amor, mesmo que o "mercado da conformidade" não os valorize tanto ou não os compreenda imediatamente? Pode ser sua empatia profunda, sua intuição aguçada, seu amor pela natureza, sua habilidade manual única, seu senso de justiça inabalável, sua necessidade de profundidade e significado. Elevar é trazer para a linha de frente da vida o que é essencial e verdadeiro para você. Joanne

elevou sua sensibilidade, seu amor pela poesia e pela mitologia, integrando-os de maneira magistral em seu trabalho.

- Criar: O que eu posso criar de novo e autêntico em minha vida – uma nova maneira de me expressar, um novo projeto que faça meus olhos brilharem, um novo hábito que nutra minha alma, um novo tipo de relação baseada na verdade e no respeito mútuo – que seja uma manifestação radiante da minha singularidade divina e que me coloque em um "espaço de ser" no qual a comparação com o "mais do mesmo" perca o sentido? Criar aqui é o ato sagrado de dar forma à sua originalidade, de materializar a canção da sua alma. Joanne, ao criar Harry Potter, não apenas escreveu um livro, mas melhorou o modo como mundos de fantasia poderiam ser apresentados, com profundidade e apelo universal.

Busque os "não-eu" e os "ainda-não-eu": quem são aquelas pessoas ou aquelas partes da vida que se conectariam com você de maneira autêntica e profunda se você ousasse ser mais quem realmente é? Muitas vezes, ao tentarmos nos encaixar no molde apertado do "mais do mesmo", nós nos desconectamos justamente de quem realmente vibraria com nossa verdadeira essência, com nossa melodia singular. Ao expressar sua singularidade com coragem, você pode atrair uma "nova demanda" de conexões significativas, de oportunidades alinhadas com seu propósito e de experiências enriquecedoras que antes pareciam inacessíveis, como se um novo universo se abrisse para você. É como uma empresa que descobre um novo e vasto segmento de clientes ao oferecer algo que ninguém mais oferecia, algo que brota de sua verdade.

Desenhe o "roteiro da sua alma original": imagine, com toda a riqueza de detalhes e emoção, como seria sua vida se você realmente vivesse a partir da sua **coragem de ser**, todos os dias. Quais seriam suas prioridades mais sagradas? Como você investiria seu tempo precioso e sua energia vital? Que tipo de impacto positivo e luminoso você gostaria de causar no mundo, simplesmente sendo quem você é, em sua plenitude? Criar essa visão clara e vibrante, mesmo que inicialmente pareça um sonho distante e inatingível, começa a pavimentar as novas trilhas neurais da sua mente e a energizar sua alma para a ação inspirada e corajosa.

CULTIVANDO A CORAGEM DE SER: O JARDIM INTERIOR E AS PRÁTICAS DE LIBERTAÇÃO

Se a conformidade é um padrão aprendido, uma armadura que vestimos para nos proteger, como podemos, com gentileza, amor e firmeza, desaprender a viver nessa "gaiola invisível" e cultivar ativamente, dia após dia, a **coragem de ser**? Como nos tornarmos especialistas em viver a nossa verdade mais profunda, a nossa essência mais luminosa? A chave reside na capacidade milagrosa de transformação do ser, na neuroplasticidade – essa dádiva divina de podermos criar novas trilhas internas, novos caminhos neurais, por meio de práticas conscientes que fortalecem a autenticidade e enfraquecem o medo paralisante que nos aprisiona.

- Neuroplasticidade pelas pequenas vitórias da alma: A **coragem de ser** não se constrói em grandes saltos heroicos que nos paralisam por conta do tamanho, mas na consistência amorosa de pequenas escolhas autênticas no dia a dia. Cada vez que você ousa um pequeno gesto de fidelidade a si mesmo – expressar uma opinião minoritária com respeito e clareza, dizer um "não" necessário e libertador, seguir um desejo genuíno do seu coração mesmo que pareça "bobo" aos olhos dos outros, defender um limite pessoal com firmeza e amor – você está reconfigurando suas trilhas internas, fortalecendo o músculo da sua alma.
    - → Como fazer com amor e intenção: Identifique áreas em sua vida nas quais você tende a se conformar por medo da crítica, do julgamento ou da rejeição. Escolha **uma** pequena ação autêntica para praticar hoje ou esta semana. Pode ser algo tão simples como escolher sua roupa sem pensar na aprovação alheia, ou expressar uma preferência real em uma conversa, ou dedicar quinze minutos a um *hobby* que você ama, mas negligencia. Pratique e observe o resultado interno (a sensação de integridade, de paz, de estar alinhado consigo mesmo) e o resultado externo (muitas vezes, você descobrirá que o medo era muito maior do que a realidade da situação). Cada pequena vitória da alma nutre a sensação de recompensa interna associada à ação

autêntica, fortalece sua capacidade de escolher conscientemente e cria novas e maravilhosas possibilidades para que sua **coragem de ser** floresça. Celebre internamente cada passo, por menor que seja.

- Sintonize a bússola interna (a escuta sagrada do corpo): A **coragem de ser** exige que saibamos, com clareza cristalina, qual é a nossa verdade, qual é o nosso norte interior. E isso requer desenvolver a escuta atenta, amorosa e reverente aos sinais sutis do nosso corpo, que é o portador da sabedoria ancestral da alma, o templo no qual a verdade reside.
    - → Como fazer com alma e coração: Pratique regularmente momentos de silêncio e atenção plena enfocando o corpo. Diante de uma escolha importante, ou mesmo de uma pequena decisão cotidiana, pause por um instante. Feche os olhos, respire profundamente algumas vezes e pergunte a si mesmo(a): "O que meu corpo sente? Há uma sensação de expansão, de abertura, de leveza? Ou há uma contração, um aperto, um peso?". Aprenda a diferenciar a sensação física do medo (que muitas vezes se manifesta como contração no peito, nó na garganta, aperto no estômago) da sensação da sua verdade (que com frequência traz uma calma expansiva no centro do peito, uma sensação de alinhamento no ventre, uma leveza nos ombros). Confiar nesses sinais corporais, nessa sabedoria intuitiva, é fundamental para guiar suas escolhas corajosas e autênticas.
- Cultivando a autocompaixão (o antídoto divino para o medo do julgamento): Os maiores obstáculos à **coragem de ser**, acredite, são o medo paralisante do julgamento (tanto o interno, do nosso crítico feroz, quanto o externo, dos outros) e o medo de falhar, de não ser perfeito. A autocompaixão, essa medicina da alma, é a prática mais eficaz e amorosa para criar a segurança interna necessária para arriscar ser autêntico, para ousar ser quem realmente é. Tratar a si mesmo com a mesma gentileza, a compreensão e o apoio que você ofereceria a um amigo querido em dificuldades, reconhecer nossa humanidade compartilhada (errar e sentir dor faz parte de ser humano!) e manter a perspectiva diante dos

desafios são fatores que acalmam nossos medos mais profundos e nos permitem enfrentar os obstáculos da vida sem sermos sequestrados pela autocrítica destrutiva.

→ Como fazer com ternura e firmeza: Em momentos de medo, dúvida, ou após um "erro" ao tentar ser autêntico (porque sim, haverá tropeços no caminho, e está tudo bem!), pratique os três componentes da autocompaixão:

  - Atenção plena à dor: Reconheça o desconforto ou a dor sem exagero, mas também sem minimizá-la ("Ok, isso é difícil agora", "Estou sentindo medo e isso é desconfortável").
  - Humanidade comum: Lembre-se de que outros seres humanos passam por experiências semelhantes, que o sofrimento e a imperfeição fazem parte da condição humana ("Não estou sozinho(a) nesse sentimento", "Muitas pessoas se sentem assim às vezes").
  - Autobondade e gentileza: Ofereça a si mesmo(a) palavras ou gestos de gentileza, conforto e apoio, como faria a alguém que ama muito ("Está tudo bem sentir medo", "Posso ser gentil e paciente comigo mesmo(a) agora", "Eu mereço meu autocuidado"). Essa prática constante e amorosa constrói a resiliência emocional que sustenta e nutre a **coragem de ser**.

▸ Reconectar-se com o valor intrínseco e inegociável: A **coragem de ser** floresce em sua plenitude quando lembramos que nosso valor fundamental como seres humanos não depende da aprovação externa, do sucesso material ou da perfeição inatingível.

→ Como fazer com reverência à sua essência: Revisite as práticas de reconhecer seu valor intrínseco que já exploramos. Faça listas de suas qualidades únicas, de momentos em que se sentiu genuinamente bem consigo mesmo(a), orgulhoso(a) de suas ações ou de sua integridade. Pratique receber elogios com abertura e gratidão, sem se diminuir. Lembre-se, como um mantra sagrado: sua dignidade é inata e seu valor é inquestionável simplesmente porque você existe. Essa reconexão profunda com seu valor essencial fortalece a base sólida sobre a qual a **coragem de ser** pode se apoiar e florescer com vigor.

E você, sente em seu coração o chamado para escolher **uma** dessas práticas – talvez aquela que mais o(a) desafia, ou a que sua alma mais anseia neste momento – e se comprometer, com amor e disciplina gentil, a experimentá-la com consistência em seu dia a dia, observando com curiosidade e carinho como ela começa a fortalecer sua **coragem de ser**, como um jardim que recebe água e sol?

Tornar-se um expert em **coragem de ser** não se trata de nunca mais sentir medo, pois o medo é uma emoção humana natural e, por vezes, protetora. Trata-se de desenvolver a capacidade interna, a sabedoria da alma, de escolher a própria verdade, repetidamente, com amor e firmeza, até que viver a partir do seu centro autêntico se torne sua nova, libertadora e mais natural forma de estar no mundo.

A beleza infinita dessa jornada é que, ao abandonar a luta exaustiva para ser "mais um" no mercado superlotado da conformidade, você não se torna menos; você se torna incomparável e divinamente **mais**. Sua importância não reside em como se sai bem imitando o sucesso alheio ou se encaixando nos moldes predefinidos, mas na coragem com que você revela e oferece ao mundo a melodia única e sagrada da sua alma. E essa melodia, uma vez liberta das amarras do medo, tem o poder extraordinário de não apenas transformar a sua vida de maneiras que você nem imagina, mas de inspirar silenciosamente todos aqueles que, como você, anseiam por descalçar a alma dos sapatos apertados da conformidade e dançar no ritmo sagrado da própria originalidade. Não há maior coragem nem maior contribuição ao mundo do que ser inteira, verdadeira e incomparavelmente você.

Perguntas poderosas para iluminar seu caminho

- Que área da vida, ou qual papel que desempenha, você tem mantido por medo de decepcionar os outros, ou por receio do desconhecido, mesmo sabendo que ela já não representa quem você é e anseia por se tornar?

- Como a decisão consciente e amorosa de sustentar sua verdade mais profunda, apesar dos desconfortos temporários ou de afastamentos que possam ocorrer, permitiria que sua essência única, seu brilho singular, enfim florescesse em sua plenitude e guiasse sua trajetória com mais significado, alegria e propósito?
- Qual será seu primeiro gesto de coragem hoje – um gesto talvez pequeno aos olhos do mundo, mas concreto e significativo para sua alma – que represente sua decisão inabalável de ser fiel a si mesmo(a), de honrar a voz do seu coração, de começar a viver a partir da sua verdade mais autêntica?

CAPÍTULO 10

VISÃO AUTÊNTICA: DESVENDANDO A PAISAGEM INTERIOR DA ALMA

No grande teatro da vida, no qual tantas vezes atuamos com lentes embaçadas pela dor acumulada, despertar a **visão autêntica** é como redescobrir as cores vibrantes da nossa verdade mais profunda, aquelas que havíamos esquecido. É a força que nos convida, com um chamado amoroso e urgente, a limpar o olhar da alma, superando as sombras persistentes do desamor, do desamparo e da desvalorização, para que possamos, finalmente, traçar rotas mais originais, mais alinhadas com nossa essência, e navegar com propósito e clareza pelos mares, por vezes turbulentos, da existência.

O DESPERTAR DE UMA JORNADA PESSOAL E UNIVERSAL: QUANDO AS LENTES SE ESTILHAÇAM

Durante anos, pisei em incontáveis palcos sob o manto de uma névoa densa de insegurança. Minha preparação para cada encontro, para cada partilha, era uma busca incessante pela couraça da perfeição, um escudo ilusório contra o julgamento que meu próprio receio, como um espelho traiçoeiro, projetava na audiência à minha frente. Eu não tinha plena consciência disso, mas, olhando em retrospecto, percebo que minhas lentes internas estavam terrivelmente embaçadas, manchadas pela minha própria história de dor, distorcendo a realidade. Via cada semblante sério na plateia como um eco silencioso de desaprovação. Minhas palavras, com esforço, proclamavam confiança, mas meu interior, em sua verdade nua, estremecia.

A vida, essa mestra sábia e, por vezes, desconcertante em sua pedagogia, presenteou-me com um aprendizado que se tornou indelével em minha alma. Em uma palestra, há muitos anos, meus olhos, condicionados a garimpar migalhas de aprovação ou sinais de rejeição, fixaram-se em uma mulher sentada na terceira fileira. Sua expressão era fechada, a testa vincada, os braços cruzados em riste. Meu ego, instantaneamente ferido, como uma criança assustada, sentenciou: "Ela detestou. Você fracassou". Essa interpretação, fruto do meu medo de não ser suficiente, de não ser bom o bastante, envenenou minha entrega naquele momento.

Depois da palestra, enquanto os cumprimentos e abraços aconteciam, ela se aproximou. Preparei-me para o veredito final, para a crítica que, em minha mente, confirmaria meus piores temores. No entanto, seus olhos, transbordavam uma gratidão que me desmontou. "Eduardo, obrigada", disse ela, a voz embargada pela emoção que mal cabia no peito. "Foi a palestra mais transformadora da minha vida. Eu quase não vim, uma enxaqueca terrível me assolava desde cedo. Suas palavras, porém, ressoaram na minha alma de uma maneira que não consigo explicar".

Naquele instante sagrado, minhas lentes internas se pulverizaram como cristal estilhaçado sob a luz da verdade. Aquele olhar que eu interpretara como julgamento não era um tribunal; era o meu próprio olhar, aprisionado por dores ancestrais, que tingia a realidade com as matizes escuras do meu medo. Compreendi, com uma clareza que cortou minha alma: eu não enxergava o mundo como ele se apresentava, em sua nudez, mas como eu era – ou, mais precisamente, como eu temia ser. Ali, firmei um pacto sagrado comigo mesmo: purificar minhas lentes. Adestrar meu olhar para enxergar com o coração, para buscar a humanidade pulsante por trás das máscaras que todos nós, por vezes, usamos. A **visão autêntica**, aprendi naquele dia, não é vislumbrar um mundo imaculado e isento de dor; é contemplar o mundo – e a si mesmo – despido das distorções cruéis da dor antiga.

Essa experiência, ainda que pessoal, espelha uma jornada universal que talvez ecoe em você. Quantos de nós não projetamos nossos medos mais secretos e nossas inseguranças mais profundas no rosto do outro, vendo o mundo através de um véu que obscurece a beleza real e as infinitas possibilidades que a vida nos oferece? O despertar para a **visão autêntica** é esse chamado urgente e amoroso para rasgar o véu, para reencontrar a nitidez cristalina da alma.

AS LENTES DA ALMA E A BOLHA DE DOR QUE NOS APRISIONA

A revelação, dolorosa e libertadora, de que eu projetava meus medos mais íntimos no semblante daquela espectadora, como um pintor que usa apenas tintas escuras, revela uma verdade essencial sobre a jornada humana: não percebemos o mundo em sua essência pura, mas sim através do filtro complexo de quem somos (ou de como fomos moldados a ser pelas experiências da vida). A **visão autêntica**, essa bússola identitária primordial que nos faculta perceber a realidade interna e externa com maior nitidez, compaixão e verdade, não é, infelizmente, nosso estado natural e espontâneo, sobretudo se carregamos em nossa bagagem de alma as cicatrizes de experiências que nos marcaram profundamente (o desamor, o desamparo, a desvalorização). As dores pregressas, como tecelãs silenciosas, tecem filtros, lentes invisíveis que distorcem a percepção da realidade, sem que ao menos nos percebamos nesse processo sutil e poderoso.

Nossa maneira de apreender o mundo não se assemelha a uma câmera fotográfica passiva que apenas registra a realidade como é. Ao contrário, nosso ser opera por meio de um intrincado e constante processo de interpretação ativa, alicerçado em nossas vivências passadas, em nossas memórias mais vívidas e nas crenças que formamos sobre nós mesmos e sobre a vida. Nosso sistema interno está em constante estado de antecipação, lendo os sinais do presente para validar ou recalibrar essas expectativas que carregamos. É um mecanismo engenhoso, sem dúvida, para navegar pela complexidade da existência, mas também é a nascente de nossas mais dolorosas distorções perceptivas.

Quando as experiências do passado foram tingidas pela dor, pela ameaça ou pela rejeição, aprendemos, como um mecanismo de defesa, a antecipar mais do mesmo. Nos tornamos verdadeiros radares hipersensíveis, ativados para detectar quaisquer sinais que confirmem esses temores ancestrais e, não raro, negligenciamos, minimizamos ou simplesmente não enxergamos os sinais que os contradizem. É assim que se cristaliza a "bolha do ego ferido", ou, como gosto de chamar, as "lentes da dor". Essa "bolha" transcende a mera metáfora; ela espelha trilhas neurais no cérebro que se tornaram hiper-reativas ao medo, fazendo com que nossa atenção se fixe de modo desproporcional em indícios negativos ou ameaçadores, reais ou imaginários. Nossas memórias, acredite, podem ser reeditadas a cada revisita que fazemos a elas, intensificando a carga emocional do receio, do medo, daquela sensação de perigo iminente. E possuímos uma inclinação natural, quase instintiva, a buscar informações no mundo que corroborem nossas crenças preexistentes. Se, em virtude de nossas feridas antigas, acreditamos lá no fundo que não somos merecedores de amor ou que o mundo é um lugar hostil e perigoso, filtraremos a realidade para encontrar evidências disso, ignorando tudo aquilo que desafia essa convicção limitante.

Existir dentro dessa bolha de dor nos cega para nossa **visão autêntica**, nos impede de enxergar com os olhos da alma. Em vez de contemplarmos as pessoas e as situações com clareza, abertura e curiosidade, nós as enxergamos através do véu sombrio do nosso medo, da nossa carência afetiva, da nossa ânsia desesperada por proteção. Interpretamos um olhar neutro como julgamento severo (como eu fiz com a mulher na palestra), um silêncio como rejeição dolorosa, um desafio como uma ameaça pessoal intransponível. Permanecemos reféns de reações automáticas, de narrativas internas que nos apequenam, incapazes de perceber a vastidão de possibilidades e os infinitos matizes de cor que a realidade oferece para além dessa bolha que nos sufoca. Você consegue identificar, com honestidade e compaixão, alguma esfera da sua vida na qual suspeita que suas "lentes da dor" podem estar turvando sua percepção, talvez em seus relacionamentos, na sua autoimagem ou na maneira como encara os desafios que a vida lhe apresenta?

Reconhecer a existência dessas lentes sem o peso esmagador da culpa, apenas com a luz serena da consciência, é o primeiro passo vital e libertador para começar a limpá-las, a poli-las e a cultivar uma visão mais verdadeira, mais compassiva e profundamente libertadora. A **visão autêntica**, lembre-se, não é sinônimo de enxergar um mundo mágico, isento de dor ou dificuldade. É, sim, a capacidade de ver a realidade como é, e a nós mesmos como somos, com todas as luzes e sombras, mas sem o filtro distorcedor da dor antiga.

A REINVENÇÃO DE RICARDO: O ADVOGADO EM BUSCA DA PRÓPRIA CAUSA, DA PRÓPRIA ALMA

Com o coração repleto de admiração e alegria, vou compartilhar a jornada inspiradora de Ricardo, um advogado de competência notável e prestígio consolidado, com uma carreira que, aos olhos do mundo, parecia invejável em um renomado escritório de direito empresarial. Ele era o arquétipo do sucesso para muitos em seu círculo social e profissional: carro do ano reluzente na garagem, apartamento sofisticado em bairro nobre, viagens internacionais para destinos cobiçados. Contudo, em nossas sessões de mentoria, ele confessou, com a voz embargada pela emoção contida e os olhos úmidos de lágrimas não derramadas, uma angústia profunda, uma sensação avassaladora de "correr em uma esteira veloz, sem jamais sair do lugar", apenas satisfazendo as expectativas extenuantes e impessoais de um "mercado jurídico tradicional e implacável". Ele defendia com maestria inquestionável as causas alheias, ganhava processos complexos, mas sentia em seu âmago a ausência lancinante de uma "causa própria" pela qual lutar, algo que fizesse seu espírito vibrar, que acendesse a chama do seu coração.

O trabalho com Ricardo foi um mergulho corajoso, profundo e transformador em sua força da **visão autêntica**. Propus a ele que se distanciasse momentaneamente, com a permissão amorosa de sua alma, das "obrigações" esmagadoras que o sufocavam, das "métricas de sucesso" impostas pelo mundo externo e das expectativas alheias que o aprisionavam, e se indagasse com sinceridade: "Se o dinheiro não fosse a questão primordial em minha vida e eu tivesse liberdade irrestrita para criar, qual seria minha contribuição única e insubstituível para o mundo por meio da minha profissão? Que tipo de desafio social ou humano eu realmente arderia por ajudar a solucionar com paixão genuína e entrega total?".

No início, o desafio foi colossal. Sua mente e olhar estavam profundamente programados, condicionados por anos, para pensar em termos de "processos complexos, prazos exíguos e honorários vultosos". Mas, aos poucos, à medida que se permitia sonhar novamente, como a criança que um dia fora, que se reconectava com a sua essência mais pura, com aquilo que de fato o movia, algo mágico, potente e luminoso emergiu das profundezas do seu ser. Ricardo redescobriu uma paixão antiga, quase soterrada sob camadas de obrigações e expectativas, pela justiça social e pelos direitos humanos, temas que ele havia, com dor no coração, "arquivado" em nome da carreira promissora e da tão almejada estabilidade financeira.

Sua **visão autêntica** começou a ganhar forma, cores vibrantes e contornos nítidos, como uma aurora despontando após uma longa e escura noite. Ele ansiava usar seu vasto conhecimento jurídico e sua inteligência aguçada para empoderar comunidades vulneráveis e defender com fervor apaixonado causas ambientais prementes, que clamavam por uma voz. Aos olhos pragmáticos e cínicos do mundo, parecia uma insensatez, uma loucura, abandonar a "via expressa" lucrativa do direito empresarial para se aventurar por uma "estrada vicinal" aparentemente menos glamorosa e menos rentável. No entanto, a clareza e a força de sua visão recém-descoberta injetaram-lhe uma energia nova, irresistível, um entusiasmo que ele não vivenciava havia anos, talvez décadas. Ele começou a desenhar, com o cuidado de um artesão, um meticuloso plano de transição, buscou novas especializações nas áreas que agora faziam seu coração cantar e sua alma vibrar, conectou-se com ONGs inspiradoras e movimentos sociais engajados que compartilhavam de seus ideais.

Hoje, Ricardo pode não ostentar o mesmo glamour superficial de outrora, aquele brilho que mascara um vazio interior profundo. Já seus olhos, ah, seus olhos cintilam com um propósito genuíno, com uma alegria contagiante que nenhuma fortuna material poderia comprar. Ele fundou um instituto pequeno em tamanho, porém de impacto imensurável, que oferece assessoria jurídica acessível e de excelência para quem mais necessita, tornando-se uma voz respeitada e admirada na defesa apaixonada do meio ambiente. Ele não está mais confinado no "tribunal da competição feroz", no qual todos buscam freneticamente os mesmos clientes abastados e as mesmas causas lucrativas; ele criou, com coragem e visão, seu próprio e exclusivo "fórum de impacto e significado", um espaço sagrado no qual sua alma e sua profissão dançam em perfeita e sublime harmonia. Sua **visão autêntica** o guiou, como uma estrela polar infalível em noite escura, para um campo de atuação no qual não há concorrentes diretos, apenas colaboradores engajados, parceiros de alma e admiradores sinceros de sua jornada. **Ele encontrou seu verdadeiro Norte**, e, com ele, uma realização indescritível, uma paz que dinheiro algum pode comprar!

CULTIVANDO A VISÃO AUTÊNTICA: PURIFICANDO AS LENTES DA ALMA E O OLHAR QUE ACOLHE E LIBERTA

Se nossa percepção é, como vimos, uma construção frequentemente distorcida por mecanismos internos forjados no passado, por lentes embaçadas pela dor, como podemos, então, com amor e intenção, cultivar a **visão autêntica** no cotidiano? A resposta reside na mesma capacidade milagrosa de transformação que engendrou as lentes da dor: a neuroplasticidade. Assim como aprendemos, inconscientemente, a enxergar o mundo através do filtro do medo e da limitação, podemos, com consciência e prática, reaprender a ver com clareza, compaixão e uma amplitude de alma libertadora. Isso requer prática consciente, intenção focada e o uso amoroso de ferramentas que nos auxiliem a "limpar as lentes" da alma e a reconfigurar nossas trilhas internas, nossos antigos padrões de percepção.

Um modelo poderoso e inspirador para cultivarmos a **visão autêntica** é o chamado *overview effect*, a experiência profundamente transformadora vivida por astronautas ao contemplarem a Terra do espaço. Essa visão panorâmica, majestosa e humilde ao mesmo tempo, dissolve fronteiras artificiais criadas pelos homens, atenua o foco excessivo no ego individual e desperta um profundo e comovente senso de unidade, de interconexão e de perspectiva cósmica. Podemos, com a graça da nossa alma, cultivar um "*overview effect* da alma" por meio de práticas que nos ajudem a transcender a visão limitada de nossa bolha pessoal de preocupações e a enxergar nossa vida e nossas dores dentro de um contexto maior, com mais compaixão, desidentificação e sabedoria. Isso nos auxilia a silenciar a ruminação autocentrada que tanto nos aflige e a acessar uma visão mais objetiva, mais serena e menos reativa diante dos desafios.

Como traduzir essa grandiosidade para a prática simples e acessível do nosso cotidiano? As práticas contemplativas ancestrais e a sabedoria perene da alma nos oferecem caminhos concretos e eficazes para treinar nosso olhar interior:

- Meditação (atenção plena) – o poder sagrado de observar sem reagir: A prática regular e dedicada da meditação treina nossa capacidade de observar nossos pensamentos, emoções e percepções sem nos identificarmos automaticamente com eles, sem sermos arrastados por sua correnteza. Ao notar, com a curiosidade de uma criança, um pensamento de medo ou uma interpretação negativa emergindo em nossa mente, sem acreditar nele de imediato como se fosse a verdade absoluta, criamos um espaço precioso e libertador entre o gatilho (o estímulo externo ou interno) e a reação automática que costumava nos dominar.
    - Como praticar com amor e paciência: Comece com alguns minutos diários, talvez cinco ou dez. Sente-se confortavelmente, feche os olhos e direcione sua atenção para a respiração, sentindo o ar entrar e sair. Quando pensamentos, emoções ou sensações surgirem (e eles surgirão, pois a mente é naturalmente ativa), apenas observe-os com uma curiosidade gentil ("Ah, um pensamento de dúvida apareceu", "Sinto uma pontada de ansiedade"), sem julgá-los, sem brigar com eles, e gentilmente retorne a atenção à sua respiração. Essa prática constante, como um treino amoroso, fortalece o "músculo" da observação desidentificada, essencial para limpar as lentes da alma.
- Reavaliação consciente – reescrevendo a interpretação da realidade: Essa técnica poderosa envolve questionar e reinterpretar nossos pensamentos e nossas percepções automáticas que geram sofrimento e limitação. Se, como eu na palestra, você interpreta um olhar sério como um sinal de rejeição, a reavaliação consciente convida-o(a) a perguntar com curiosidade e abertura: "Que outras interpretações são possíveis para essa situação? Qual evidência real e concreta sustenta minha interpretação inicial? Há outras evidências que a contradizem? Qual interpretação me serve melhor neste momento, me fortalece e me abre para novas possibilidades?". Esse processo amoroso nos ajuda a modular a resposta automática do medo, alterando conscientemente o significado

que atribuímos à experiência, como um artista que escolhe novas cores para sua tela, transformando uma paisagem sombria em uma cena luminosa.

- Como praticar com intenção e clareza: Diante de uma percepção ou um pensamento que lhe causa dor ou desconforto, anote o pensamento automático que surgiu. Em seguida, questione sua validade absoluta, como se fosse um detetive da alma. Busque interpretações alternativas, mais realistas, mais construtivas ou mais compassivas. Escolha focar a reinterpretação que o(a) empodera, acalma e lhe traz paz. Com a prática regular, isso se torna um fluxo mais natural, uma nova maneira de se relacionar com seus pensamentos.

- Cultivo da compaixão e da gratidão – expandindo o coração e a visão da alma: Focar deliberadamente os sentimentos de compaixão (por si mesmo e pelos outros, sem exceção) e gratidão (pelas pequenas e grandes bênçãos da vida) tem um efeito transformador em nossa bioquímica e percepção. Essas práticas ativam nosso sistema interno de segurança e conexão, acalmam a resposta de ameaça do nosso cérebro e reduzem o foco egocêntrico que tantas vezes nos aprisiona na dor. A gratidão, em particular, é um antídoto poderoso contra a tendência natural da mente de focar o negativo, o que falta, treinando nosso olhar para perceber, valorizar e celebrar o que é bom, o que nos nutre, clareando, assim, a visão geral da vida e abrindo espaço para mais abundância.
  - Como praticar com o coração aberto: Dedique alguns minutos diários, talvez ao acordar ou antes de dormir, para listar mentalmente ou por escrito entre três e cinco coisas pelas quais você é genuinamente grato(a) naquele dia. Pratique enviar desejos de bem-estar, de felicidade e de libertação do sofrimento para si mesmo(a) (autocompaixão) e para os outros (compaixão), especialmente aqueles com quem você sente alguma dificuldade ou tem pontos de conflito. Essas práticas simples, mas profundas, abrem o coração e, consequentemente, ampliam e iluminam a visão da alma.

- Práticas de maravilhamento (*awe*) – conectando-se ao vasto, ao belo e ao transcendente: Experiências que nos provocam um senso de maravilhamento, de assombro diante da beleza e da grandiosidade da vida (contemplar um pôr do sol espetacular, ouvir uma música que arrepia a alma, conectar-se com uma obra de arte inspiradora, testemunhar um ato de pura bondade) têm a capacidade sagrada de "diminuir" a percepção do nosso eu individual, de nossos problemas cotidianos, e nos conectar a algo maior, mais vasto, mais transcendente. Isso ajuda a relativizar nossos problemas, a colocar nossas preocupações em perspectiva e a limpar as lentes do egocentrismo, aproximando-nos daquele "*overview effect* da alma" que tanto nos cura e nos eleva.

→ Como praticar com alma de criança: Busque, em seu dia a dia, experiências que lhe inspirem maravilhamento e reverência. Passe tempo na natureza, observando a perfeição de uma flor, a imensidão do céu estrelado, a força do oceano. Ouça música que eleva sua alma, que toca seu coração de maneira especial. Leia histórias que o(a) inspirem, que o(a) conectem com a nobreza do espírito humano. Permita-se se sentir pequeno(a) diante da vastidão do universo e observe como essa humildade reajusta sua perspectiva, trazendo paz e clareza.

Todas essas práticas, alicerçadas em nossa inata e milagrosa capacidade de transformação (a neuroplasticidade do nosso cérebro e a plasticidade da nossa alma), gradualmente reconfiguram nosso olhar interior. Elas nos ajudam a sair da bolha reativa e limitante do ego ferido e a habitar um espaço interno de maior clareza, serenidade, compaixão e amplitude de visão. E você, estaria disposto(a), com o coração aberto e a alma curiosa para experimentar **uma** dessas práticas com consistência amorosa, como um presente a si mesmo(a), para começar a limpar as próprias lentes da alma e descortinar a paisagem luminosa que espera por você?

A **visão autêntica** não é um destino final a ser alcançado, uma medalha a ser conquistada, mas um músculo da alma que fortalecemos a cada escolha consciente de ver além da dor, com mais compaixão e menos medo. É um convite sagrado e permanente para sermos os curadores amorosos do nosso próprio olhar, os artistas da nossa própria percepção, os criadores de uma realidade interna mais alinhada com a nossa verdade mais profunda.

Perguntas poderosas para iluminar seu caminho

- Quais "lentes da dor" – originadas talvez de batalhas internas ainda não resolvidas, de críticas passadas ou de expectativas externas frustrantes – você sente que ainda limitam sua capacidade sagrada de enxergar a si mesmo(a), aos outros e ao mundo com a clareza cristalina da sua **visão autêntica**, tanto na vida pessoal quanto profissional, impedindo talvez que sua alma floresça em toda a sua plenitude e beleza?
- Ao se permitir, com coragem e amor, limpar essas lentes embaçadas e inaugurar um "continente de novas percepções" em seu ser, como a clareza renovada, a intuição aguçada e a compaixão expandida da sua **visão autêntica** poderiam transformar sua experiência de vida, seus relacionamentos mais significativos e a expressão autêntica dos seus talentos únicos no mundo?
- Qual pequeno, porém poderoso e sagrado, gesto de clareza, autoamor e transformação – seja uma pausa consciente antes de reagir a uma situação desafiadora, uma palavra de gratidão genuína que você guarda no coração, seja um olhar interno mais gentil, compassivo e sem julgamento para si mesmo(a) – você se compromete a iniciar **agora** como um presente divino para o seu ser, a fim de começar a viver a inteireza, a paz e a alegria contagiante da sua **visão autêntica**?

CAPÍTULO 11

EXPRESSÃO VERDADEIRA: A VOZ DA ALMA LIBERTA, TRILHANDO CAMINHOS INEXPLORADOS DE SER

O ator e comediante canadense Jim Carrey, esse dínamo de expressividade e profundidade que nos presenteou com cascatas de riso contagiante e lágrimas de emoção, trazia em seu ser um cosmo muito mais amplo, complexo e insondável do que suas memoráveis caretas elásticas poderiam sugerir em um primeiro olhar superficial. Por trás do Ace Ventura[3] de topete indomável, do Máskara[4] de sorriso brilhante e olhar penetrante, do Grinch[5] de coração diminuto que aprende a amar ou do Truman[6] cativo em seu espetáculo de faz de conta que espelha tantas vidas, pulsava um ser humano em uma jornada quase tátil, visceral, em busca de... autenticidade. O homem capaz de moldar o rosto em mil feições parecia, por instantes preciosos de sua trajetória, empenhado em encontrar a única expressão que ressoava com sua alma: a dele, nua de artifícios, despida de máscaras.

O sucesso avassalador que o alcançou, a fama que o envolvia qual manto cintilante e cobiçado – nada disso parecia acalentar um certo vácuo, uma melancolia sutil que assombrava seus olhos mais introspectivos e profundos. Ele nos ofertou o riso como um presente generoso, mas sua peregrinação íntima e silenciosa nos sussurrou sobre o peso esmagador da máscara, sobre o desgaste de ser o "performático genial" 24 horas por dia. Em suas palavras, ditas com a sabedoria de quem já esteve no topo da montanha, ecoava o aprendizado de quem se fartou no banquete da celebridade e descobriu, com uma

3 Personagem do filme *Ace Ventura: um detetive diferente*. Direção: Tom Shadyac. Estados Unidos: Warner Bros., 1994. Filme (86 min).

4 Personagem do filme *O Máskara*. Direção: Chuck Russell. Estados Unidos: Dark Horse Entertainment, 1994. Filme (101 min).

5 Personagem do filme *O Grinch*. Direção: Ron Howard. Estados Unidos: Universal Pictures, 2000. Filme (104 min).

6 Personagem do filme *O show de Truman*. Direção: Peter Weir. Estados Unidos: Paramount Pictures, 1998. Filme (103 min).

ponta de amargura e lucidez, que o prato principal da alma ainda estava ausente: "Eu gostaria que todos pudessem ficar ricos e famosos e ter tudo o que sempre sonharam, para que pudessem ver, com os próprios olhos, que essa não é a resposta".[7] A imersão corajosa de Carrey em uma espiritualidade mais profunda, em uma arte que transcendesse a comédia e tocasse outras cordas da alma, em momentos de introspecção radical e busca por significado, é o testemunho vibrante e comovente da alma que anseia por despir a fantasia, por mais deslumbrante e ovacionada que esta seja, para simplesmente **ser**. Sua trajetória ilumina a travessia universal e profundamente humana rumo à **expressão verdadeira**, esse desabrochar sagrado da voz mais autêntica e potente da alma.

AS CORRENTES INVISÍVEIS: POR QUE CALAMOS A MELODIA SAGRADA DA NOSSA ALMA?

A saga de Jim Carrey, com seu balé fascinante entre a exuberância cômica que contagiava e a introspecção profunda que revelava, nos guia ao âmago da **expressão verdadeira**. Essa **força identitária** transcende a mera eloquência verbal ou o carisma superficial; é a coragem visceral, quase indomável, de permitir que nosso jardim interior – com suas flores raras e delicadas de emoção, suas fontes cristalinas e puras de sentimento, suas árvores ancestrais e sábias de necessidades, seus frutos dourados e nutritivos de valores, seus pássaros intuitivos que cantam melodias secretas – se manifeste ao mundo em sua beleza nua, íntegra, autêntica e intransferível. É a ponte luminosa e sagrada entre nossa paisagem interna, rica e complexa, e o modo como trilhamos a vida lá fora, a canção única que somente nossa alma, em sua singularidade divina, pode entoar para o universo.

Quantas vezes, porém, essa ponte se revela frágil como cristal, quantas vezes essa melodia divina é silenciada antes mesmo de alçar seu primeiro voo? Por que tantos de nós optamos, ainda que inconscientemente, por abafar essa sinfonia interna que clama por ser ouvida, por engolir as lágrimas que anseiam

7 Frase de Jim Carrey em entrevista ao jornalista Jay Stone. (STONE, Jay. Carrey's been busted. **The Ottawa Citizen**, Ottawa, 16 dez. 2005. Tradução livre.)

ser rio a correr livre, por vestir os disfarces sociais que, ao nos protegerem da dor da rejeição, também nos isolam de quem de fato somos e, por extensão dolorosa, uns dos outros? A resposta, qual veio d'água oculta sob a terra sedenta, emana de nossa necessidade mais primitiva e fundamental de segurança e dos delicados e dolorosos aprendizados que a convivência social nos impõe desde os nossos primeiros e mais vulneráveis suspiros neste mundo.

Nosso ser, em sua sabedoria ancestral, é um guardião incansável da nossa sobrevivência, e o pertencimento ao clã, à tribo, à comunidade, é uma de suas leis mais sagradas e invioláveis. Desde a mais tenra infância, tornamo-nos exímios leitores de sinais do ambiente, exímios decifradores de olhares e silêncios, ajustando nossa dança interna, nossa expressão espontânea, para evitar o aguilhão da rejeição, a pedra fria da crítica, o gelo paralisante do abandono – experiências que disparam em nosso ser mais profundo os alarmes ancestrais da ameaça à nossa conexão, à nossa própria existência. Se, em nossa jornada infantil pela vida, aprendemos que exibir certas matizes da nossa alma (aquela tristeza que suplica por um colo quente e seguro, aquela raiva que demarca um limite necessário, aquele medo que revela nossa humanidade compartilhada, aquela vulnerabilidade que, na verdade, convida à conexão genuína e profunda) ou certas verdades do nosso coração (opiniões que destoam da orquestra familiar ou social, necessidades que não se encaixam no roteiro esperado) resultam em olhares frios e reprovadores, em palavras ríspidas e cortantes, em portas que se cerram diante de nós, uma crença limitante e dolorosa se cristaliza em nosso ser: "Ser eu mesmo, em minha autenticidade, é igual a **perigo**".

E quando esse alarme ancestral soa em nosso ser, a mente, em sua sabedoria protetora, mas por vezes equivocada, pode mobilizar nossas faculdades conscientes não para nos libertar e expandir, mas para nos conter e aprisionar. Transformamo-nos, ironicamente, em nossos próprios carcereiros autoimpostos, mestres na arte sutil de calcular riscos sociais, de atenuar nossa própria luz para que ela caiba em moldes "seguros", "aceitáveis", "aplaudíveis" por um mundo que teme o brilho original e a espontaneidade da alma. Criamos um "menu autorizado" de quem podemos ser, de quais emoções podemos expressar, e, com uma lealdade dolorosa a essa estratégia de sobrevivência, asfixiamos o restante, habitando um território emocional conhecido, sim, mas muitas vezes árido, previsível e permeado por uma competição silenciosa e exaustiva por aceitação e validação externa.

Essa autossupressão constante, essa tentativa de navegar apenas em águas rasas e seguras para evitar as profundezas desconhecidas e potencialmente transformadoras de nossa verdade interior, impõe um tributo imenso à nossa alma e ao nosso corpo. A energia vital que não encontra seu curso natural, que não pode fluir livremente, não se dissipa no ar; ela se adensa, se "congela" em nosso interior, manifestando-se de diversas maneiras, como:

- Nós no corpo, gritos silenciosos da alma: A alma amordaçada, impedida de se expressar, encontra voz na tensão crônica que enrijece a mandíbula, nos ombros que carregam o peso do não dito, do sentimento não expresso, nas costas que gemem sob o fardo da performance constante. Cefaleias que pulsam como palavras aprisionadas, um sistema digestivo que espelha a dificuldade de "digerir" a própria vida, de aceitar a própria verdade. O corpo converte-se no palco físico da verdade que não ousa se nomear, da canção que não ousa ser cantada.
- Inquietação da alma, mar agitado em nosso peito: A necessidade incessante de filtrar, de conter, de performar para ser aceito mantém nosso sistema nervoso em um estado de alerta crônico, mais sintonizado com a tempestade da ansiedade e do medo do que com a brisa suave da calma, da paz interior e da conexão genuína. A vida, sob essa tensão, se torna um oceano revolto de irritabilidade, insônia, uma incapacidade dolorosa de simplesmente repousar em si mesmo, de encontrar um porto seguro dentro do próprio ser.
- Bússola interna descalibrada, navegante perdido na noite escura: De tanto ignorarmos os sussurros sutis do corpo, as mensagens preciosas das emoções que rotulamos como "proibidas" ou "inadequadas", nossa capacidade inata de ler nossa própria paisagem interna, de confiar na sabedoria intuitiva (nossa interocepção,[8] esse verdadeiro GPS da alma)

8 "A interocepção é frequentemente conhecida como o "sentido oculto" e é chamada de oitavo sistema sensorial. É o sentido que nos diz o que está acontecendo dentro do nosso corpo." (AUSTIN HEALTH. Interoception. **Occupational Therapy Australia**, [s.d.]. Disponível em: https://occupationaltherapy.com.au/interoception/. Acesso em: 28 maio 2025. Tradução livre.)

se enfraquece, se perde. Ficamos à deriva, confusos sobre nossos verdadeiros sentimentos, nossas reais necessidades, como navegadores que perderam o brilho das estrelas-guia em uma noite escura e tempestuosa.

- Vazio no peito, eco da ausência de si mesmo: A longo prazo, viver por trás de um véu de aparências, desconectado da seiva vital da própria verdade emocional, conduz a uma sensação profunda e incômoda de vácuo, de que falta um tempero essencial à vida, de ser um ator em uma peça que não escolhemos, recitando falas que não são nossas. A alma, sedenta de autenticidade e significado, definha, adoece, quando sua canção mais sagrada é negada, quando sua dança mais verdadeira é impedida.

Você reconhece em seu próprio ser o peso sutil ou declarado dessa autorrepressão que nos asfixia aos poucos? Talvez uma tensão muscular que se tornou sua sombra constante, uma ansiedade que colore seus dias com tons cinzentos, ou aquela melancolia insistente e inexplicável de quem sente, lá no fundo, que há outra melodia querendo ressoar, outro jeito de dançar a vida, mais leve, mais livre, mais seu? Perceber que esse silenciamento tem raízes profundas em nossos aprendizados de sobrevivência nos liberta do chicote cruel da culpa ("há algo errado comigo por me sentir assim") e nos mostra, com clareza e compaixão, que o caminho para a inteireza, para a redescoberta da própria canção, passa por reaprender a sentir e a expressar nossa verdade com a coragem amorosa de quem se acolhe por inteiro, sem restrições. A **expressão verdadeira** não é um adorno supérfluo ou um luxo para poucos; é o próprio ar de que a alma precisa para respirar, para que a vida pulse com um significado original, vibrante e satisfatório.

A FORÇA DA EXPRESSÃO VERDADEIRA NA VIDA PROFISSIONAL: O DESPERTAR DE LAURA, A COMUNICADORA QUE ENCONTROU SUA VOZ SINGULAR E TRANSFORMADORA

Quero compartilhar com você a trajetória luminosa de Laura, uma profissional de comunicação de extrema competência e talento, que, por anos, assessorou grandes corporações com maestria. Ela era exímia em tecer narrativas persuasivas e impactantes para seus clientes, em posicioná-los estrategicamente em mercados altamente competitivos. Contudo, ao se tratar de comunicar o próprio valor, de definir sua "marca pessoal" singular e autêntica, sentia-se perdida, quase invisível, como se sua voz estivesse presa em um labirinto. Procurou-me com a seguinte inquietação, que ecoava a dor de muitas almas: "Eduardo, eu ajudo os outros a brilhar, mas sinto que a minha própria luz está ofuscada, esquecida. Replico fórmulas de comunicação que funcionam para terceiros, mas desconheço, com uma angústia que me consome, qual é a minha mensagem única e verdadeira para o mundo".

Nosso trabalho com Laura foi um mergulho profundo, corajoso e revelador na força da **expressão verdadeira**, alicerçada em sua **visão autêntica**, que já havíamos clareado em nossa jornada. Ela descobriu, com surpresa e emoção, que por trás de sua habilidade técnica impecável residia uma paixão imensa e represada por contar histórias que inspirassem transformação social, por empregar a comunicação como uma ferramenta poderosa para um bem maior, para um propósito que transcendesse o lucro, e não apenas para impulsionar vendas ou aumentar a participação de mercado. Sua zona de conforto era o discurso corporativo padrão, focando resultados financeiros e métricas de desempenho. Seu "caminho de originalidade" emergente, aquele que fazia sua alma cantar, era o da comunicação com propósito, com alma, com verdade.

A grande virada, o momento mágico de sua metamorfose, ocorreu quando Laura decidiu, com uma coragem que a surpreendeu, reformular radicalmente a própria comunicação, a própria forma de se apresentar ao mundo. Em vez de se posicionar como "mais uma consultora de comunicação estratégica" em um mercado já saturado, começou a se apresentar, com brilho nos olhos e convicção na voz, como uma arquiteta de narrativas com alma e impacto positivo. Seu site, suas redes sociais, suas propostas comerciais, tudo, absolutamente tudo, passou a ecoar essa nova identidade, essa nova melodia. Começou a escrever artigos profundos e inspiradores e a ministrar palestras apaixonadas não sobre as últimas tendências do marketing digital – um campo já repleto de especialistas e vozes que se repetem –, mas sobre o poder transformador das histórias para curar, conectar e transformar a sociedade.

No início, houve certo estranhamento, uma natural hesitação do mercado. Alguns clientes antigos, habituados à abordagem mais tradicional e pragmática, não compreenderam de imediato a profundidade de sua metamorfose. No entanto, em pouco tempo algo extraordinário começou a desabrochar em sua vida. Laura passou a atrair um novo perfil de cliente, um público que vibrava na mesma sintonia de sua alma: ONGs com causas nobres, empreendedores sociais com sonhos de transformar o mundo, empresas com forte DNA de sustentabilidade e responsabilidade social, líderes que buscavam não apenas visibilidade superficial, mas sim deixar um legado significativo e positivo. Eles não a procuravam por ser "mais uma opção no mercado", mas porque sua voz, sua expressão autêntica e apaixonada ressoava profundamente com os valores e as aspirações mais elevadas deles.

Laura deixou de disputar projetos em um "leilão de competências técnicas", em que o preço muitas vezes fala mais alto, e começou a ser escolhida pela singularidade de sua alma, pela verdade de sua mensagem, pela paixão que irradiava. Ela forjou, com coragem e visão, o próprio ecossistema de comunicação com significado, um espaço sagrado no qual seu trabalho se tornou uma fonte inesgotável de profunda realização pessoal e impacto transformador no mundo. Ela encontrou sua voz única e o mundo, finalmente, a ouviu com o coração!

CULTIVANDO A EXPRESSÃO VERDADEIRA: A VOZ DA ALMA ENCONTRA SEU CAMINHO LUMINOSO

Se o hábito doloroso de calar a alma, de sufocar nossa melodia interior, foi aprendido em nossa jornada, a notícia mais luminosa e esperançosa é que a **expressão verdadeira** também pode ser recordada, cultivada e florescer em toda a sua glória, graças à magia da nossa neuroplasticidade. Podemos, com intenção amorosa e ternura para conosco, nutrir os caminhos internos que sustentam a autenticidade, a congruência e a comunicação que jorra direto do coração, como uma fonte de água pura. O convite não é para uma impulsividade inconsequente que fere a si e aos outros, mas para a habilidade sagrada de dar voz ao nosso mundo interior com clareza cristalina, respeito profundo e um alinhamento que estremece a alma de alegria e gratidão, mesmo quando o medo acena da margem, tentando nos puxar de volta para a antiga prisão. É como deixar de lutar por um espaço mínimo e sufocante em um palco lotado e descobrir a vastidão infinita de um novo cenário, criado sob medida para a sua dança singular e intransferível.

Como podemos, então, com passos firmes e coração confiante, treinar nosso ser para essa redescoberta, para essa criação de um espaço vital no qual a alma possa ser a protagonista da própria história?

- Despertar para a linguagem do coração e do corpo (sentir, nomear e mapear o território sagrado da alma): O primeiro passo, essencial e transformador, é uma volta para casa, para a linguagem esquecida, mas sempre presente, do nosso universo interior, para a sabedoria que reside em nosso corpo.
  - → Prática viva e fluida, como um rio que corre para o mar: Mergulhe, com a curiosidade de uma criança e a reverência de um sábio na escuta atenta e amorosa do seu corpo. Comece a perceber quais sensações físicas (o *feedback* intuitivo do seu ecossistema interno, como gosto de chamar) são como placas luminosas de "pare, você está se distanciando da sua essência" (aquela tensão incômoda no estômago, o aperto doloroso no peito, o cansaço súbito e inexplicável que drena sua energia). E, igualmente importante, quais sensações são como um "siga em frente com confiança, você está no caminho do seu coração" (aquela sensação de expansão no peito, de leveza borbulhante que o(a) faz sorrir, de energia renovada que o(a) impulsiona). Todo dia, pergunte-se com sinceridade: "Em quais momentos do dia, em quais interações com o mundo, sinto que estou apenas cumprindo com um roteiro pré-estabelecido, em vez de dançando conforme minha própria música, a melodia da minha alma? Que papéis sociais ou crenças limitantes posso começar a descartar com amor, por não ressoarem mais com a minha verdade mais profunda, mesmo que pareçam seguros ou esperados pelos outros?". Essa escuta atenta e contínua fortalece sua intuição, sua bússola interna, e começa a delinear com clareza o mapa do seu valor único, intransferível e sagrado.

- Acolhimento incondicional (tecendo seu manto de valor próprio e inegociável): Antes de buscar o aplauso efêmero do mundo lá fora, é preciso que a alma se aplauda por dentro, que se reconheça em seu próprio valor. Combata com ternura e firmeza aquela voz interna que critica impiedosamente, que julga com severidade, que diz com frequência: "Você não deveria sentir isso" ou "Isso que você fez não é bom o bastante".
    - → Prática viva e fluida, nutrindo o jardim da alma: Crie um "santuário interior de valor", um espaço sagrado dentro de si no qual você se sente amado(a), aceito(a) e valorizado(a) incondicionalmente. Quais qualidades da sua alma, quais sentimentos genuínos e luminosos são os pilares da sua existência, a sua assinatura no mundo? Quais "padrões de bem-estar e autenticidade" você deseja amplificar em sua vida, muito além da mera sobrevivência emocional que talvez tenha aceitado por tanto tempo como sua única realidade? Abrace suas emoções e suas necessidades mais profundas com a mesma sacralidade, reverência e respeito que dedicaria a uma obra de arte preciosa e única, a um tesouro inestimável. Esse autoacolhimento amoroso tece um manto de segurança interna, nutrindo a confiança em si mesmo e diminuindo a sede desesperada por aprovação em "palcos" que não reconhecem a profundidade e a beleza da sua canção singular.
- Ressignificando o medo social (pequenas e corajosas ousadias da alma): A **coragem de ser** e a **expressão verdadeira** florescem de mãos dadas, como irmãs siamesas da alma. É preciso mostrar ao nosso ser mais profundo, por meio de experiências reais e concretas, que é seguro, recompensador e libertador dançar a própria autenticidade, navegando por novas e excitantes águas de experiência.
    - → Prática viva e fluida, expandindo as fronteiras do ser: Identifique um pequeno espaço em sua vida, um contexto de baixo risco emocional, no qual você costuma silenciar uma pequena verdade, uma opinião destoante, um desejo "inconveniente". Que micropasso de **expressão verdadeira**, como um beija-flor que ousa o primeiro voo em direção a uma flor desconhecida, você pode inaugurar nesse espaço ainda hoje? Talvez seja partilhar

uma ideia que pulsa em você em uma conversa amigável (em vez de apenas assentir para agradar), ou dedicar um tempo a um prazer simples que realmente nutre sua alma e que você vem adiando (em vez de seguir a correnteza das obrigações). Cada vez que você ousa ser um pouco mais você, um pouco mais autêntico(a), e percebe que o "desastre" temido não acontece, ou que consegue lidar com o desconforto, você enfraquece os velhos e enferrujados nós do padrão "expressão = perigo" e fortalece as novas e luminosas trilhas neurais do padrão "expressão = conexão / libertação / florescimento". A sensação de integridade, de estar alinhado com sua verdade, se torna o néctar, a recompensa viva que impulsiona a alma, tornando o "ruído" paralisante do medo cada vez menos relevante em sua vida.

- Sinfonia da congruência (corpo-voz-palavra em harmonia com seu novo "eu" autêntico e radiante): A **expressão verdadeira** é uma sinfonia que reverbera em todos os níveis do nosso ser, do mais sutil ao mais denso. Quando nossa linguagem corporal, o tom da nossa voz e a melodia das nossas palavras dançam em perfeita e sagrada harmonia com a nossa verdade interior, com aquilo que realmente sentimos e acreditamos, nossa autenticidade irradia como um sol e toca o mundo de maneira poderosa e transformadora.
    - ➔ Prática viva e fluida, encarnando sua verdade: Antes de um encontro significativo no qual você deseja se manifestar com mais inteireza e verdade, ancore-se em seu corpo (sinta a terra sob seus pés, respire a vida que o(a) habita com consciência). Conecte-se com a mensagem essencial que sua alma anseia por expressar naquele momento. Como sua postura, seu olhar, a vibração da sua voz podem suavizar a rigidez da performance ou da formalidade excessiva e elevar a chama da sinceridade, da presença e da conexão de coração a coração? Essa coerência profunda entre o ser interior e a expressão exterior não apenas torna sua comunicação magneticamente eficaz e inspiradora, mas também envia ondas de calma, confiança e segurança para seu sistema nervoso, consolidando seu novo e autêntico lugar de fala no mundo.

- Explorando jardins secretos da alma (novos e férteis ecossistemas para a expressão criativa): Nem toda verdade precisa ser dita em prosa direta e literal. Encontrar canais criativos e lúdicos para nossa expressão é uma forma sublime, segura e profundamente curadora de dar vazão às emoções represadas, de fortalecer os laços sagrados com sua verdade mais profunda, explorando novas e surpreendentes formas de "semear seu valor" único no mundo.
  - → Prática viva e fluida, brincando com a alma: Pense naquelas formas de expressão que sempre fizeram seu coração vibrar de alegria, que sempre acenderam uma faísca em seus olhos, mas que você talvez tenha engavetado ao longo da vida por achar que "não eram práticas", "não davam dinheiro" ou "não eram para você". Talvez seja escrever cartas para sua alma sem a intenção de enviá-las a alguém, apenas como um diálogo íntimo. Talvez seja pintar com as cores vibrantes da sua emoção, sem se preocupar com técnica ou resultado. Talvez seja dançar a música que só você escuta em seu interior, ou até iniciar um pequeno projeto secreto, um hobby, que seja pura expressão de uma paixão adormecida, de um talento esquecido. Esses jardins secretos da alma podem se tornar oásis férteis e rejuvenescedores para sua alma se revelar sem as armaduras e os julgamentos do mundo lá fora, descobrindo talentos ocultos, alegrias inesperadas e nutrindo novas e poderosas fontes de energia vital e significado profundo em sua existência.

Lembre-se da jornada de Jim Carrey, esse mestre da expressão, que precisou se despir das expectativas do "palhaço eterno" para tocar novas e insuspeitadas profundezas em sua arte e em seu ser. A máscara, por mais brilhante e aplaudida que seja, pode até garantir um lugar no palco conhecido e competitivo da vida, mas é somente a nudez da alma, a **coragem de ser** quem se é, que nos permite viver inteiros, em um espaço sagrado que é única e intransferivelmente nosso. Cada passo consciente em direção à nossa expressão mais congruente e verdadeira é um ato de libertação que ecoa para além de nós, um convite silencioso e poderoso para que outras almas também ousem encontrar e cantar as próprias canções. E é dessa sinfonia de verdades individuais, expressas com coragem e amor, que nasce a possibilidade real de tecermos juntos uma vida – e um mundo – que seja, verdadeiramente, o espelho luminoso da nossa alma coletiva, um caminho singular, autêntico e transbordante de significado para todos nós.

Perguntas poderosas para iluminar seu caminho

- Se sua alma tivesse um microfone mágico para expressar ao mundo, sem qualquer filtro, receio de julgamento ou necessidade de aprovação, sua mensagem mais vibrante e essencial sobre quem você é, no que acredita e qual sua contribuição insubstituível para a vida, qual seria essa proclamação luminosa, essa canção única? E qual a primeira barreira interna, o primeiro medo antigo, que você se comprometeria, com amor e coragem, a demolir hoje para começar a viver essa verdade com paixão, clareza e alegria transbordante?
- Em qual área crucial da sua vida (seja ela pessoal, afetiva, familiar ou profissional) você sente que sua voz está mais "presa na garganta", aprisionada em um "roteiro que não é seu", em um papel que não lhe cabe mais? E qual seria o primeiro passo concreto, corajoso e libertador, mesmo que pareça desafiador neste momento, que você daria ainda hoje para começar a alinhar suas palavras, ações e escolhas com sua verdade interna mais profunda?
- Ao reimaginar a "vitrine da sua alma" (ou seja, sua maneira autêntica de se apresentar e se expressar no mundo), qual seria a transformação mais radical, magnética e alinhada com sua essência que você poderia implementar imediatamente para que ela deixasse de ser um "outdoor padronizado" que tenta agradar a todos, e se tornasse um "farol" potente e luminoso que irradia com autenticidade inegociável sua **expressão verdadeira** e o valor singular, precioso e insubstituível que só você possui e pode oferecer?

CAPÍTULO 12

CRIAÇÃO ORIGINAL: A CORAGEM DE CONSTRUIR A PRÓPRIA TRILHA, NA QUAL A ALMA PODE DANÇAR LIVRE

Há momentos em nossa jornada em que a alma nos chama para um rompimento, com um sussurro que se torna um clamor. Não por falta de amor pelo que foi, pela história construída, mas por uma necessidade inadiável de ser fiel ao que está nascendo dentro de nós, à nova melodia que anseia por ser tocada. Vivi essa travessia dolorosa e libertadora ao deixar uma parceria profissional de muitos anos, um espaço que um dia foi lar, que nutriu e acolheu, mas que, com o tempo, com a natural evolução do meu ser, tornou-se um limite para a minha verdade em expansão. Novas visões pulsavam em meu íntimo, como sementes querendo romper a terra, pedindo espaço para se manifestar, e a estrutura antiga, por mais segura, confortável e bem-sucedida que fosse aos olhos do mundo, começou a parecer uma gaiola, ainda que dourada.

O medo da ruptura, confesso, era imenso, alimentado pela lealdade aos laços construídos, pela responsabilidade com o que já existia, pelo pavor de decepcionar pessoas queridas e pela incerteza do futuro em branco que se descortinava. A mente racionalizava, tentava adaptar, buscava remendos, mas o corpo, esse sábio mensageiro da alma, gritava a verdade: era preciso partir para não me trair, para não sufocar a canção que emergia. A decisão final não veio como um cálculo frio da mente, mas como uma certeza mansa, inegociável e sagrada, vinda diretamente do santuário da alma. A despedida foi difícil, sim, carregada da dor limpa e honesta do fim de um ciclo importante, como uma folha que se desprende da árvore no outono para dar lugar a novos brotos. Os dias que se seguiram foram de vertigem, de dúvida que assombrava, de um luto necessário pelo que ficava para trás. Porém, por baixo de toda essa turbulência emocional, havia uma paz nova, profunda, quase palpável: a paz de quem finalmente alinhava os passos externos com a música interna que não podia mais ser silenciada. Aquele "sim" doloroso, mas profundamente libertador, para mim mesmo, aquele rompimento com o conhecido e seguro, foi o ato sagrado que abriu o espaço necessário para que minha **criação original** pudesse encontrar solo fértil e começar a construir uma nova trilha, uma trilha que fosse autenticamente minha, com a minha digital, com a minha alma.

A RODA DA REPETIÇÃO VERSUS O CHAMADO IRRESISTÍVEL DA ALMA CRIATIVA

A experiência de romper com uma estrutura já familiar, mesmo que não nos sirva mais, não caiba em nossa pele, é um portal poderoso para compreendermos a essência da **criação original**. Essa força identitária não se resume apenas a ter ideias novas e brilhantes ou a ser artisticamente talentoso no sentido convencional; mas há também a coragem de ir além da repetição de padrões conhecidos – tanto os que nos habitam, quanto aqueles impostos pelo mundo – para dar forma a algo que nasce da nossa perspectiva e verdade singulares, da melodia que só a nossa alma pode compor. É como o artesão inspirado que, cansado de replicar os vasos que todos fazem, seguindo a tradição sem questionar, decide mergulhar nas águas profundas de sua intuição e começa a moldar peças que carregam a sua digital divina, a sua visão de mundo particular, inaugurando um novo estilo que encanta e surpreende, que toca o coração, criando, assim, um espaço inédito e sagrado para sua arte florescer e inspirar.

Por que isso é tão desafiador? Por que tantas vezes nos vemos presos na roda da repetição, girando em círculos nos padrões conhecidos, mesmo quando sentimos em nosso íntimo o chamado para criar algo diferente em nossa vida, em nossa carreira, em nossos relacionamentos? A resposta está, em grande parte, no modo como o nosso ser, em sua sabedoria ancestral, busca segurança e eficiência para navegar pela vida. Nosso sistema interno, para economizar energia vital e nos manter em território seguro e previsível, tende a favorecer o conhecido, o familiar, aquilo que já foi testado e aprovado. A formação de hábitos e padrões é um mecanismo fundamental que nos permite transitar pela existência de maneira mais automática, sem gastar tanta energia consciente em cada decisão. Criamos, ao longo da vida, "estradas internas" bem pavimentadas para os comportamentos e pensamentos habituais. É o profissional que, mesmo sentindo uma infelicidade crônica em sua alma, permanece anos a fio na mesma função porque o caminho é seguro, o salário é certo no final do mês, ainda que sua alma clame desesperadamente por um novo desafio, por expressar talentos adormecidos e esquecidos em uma área distinta, talvez iniciando um projeto que alinhe sua paixão mais profunda com seu propósito de vida.

O problema surge quando esses padrões, que um dia foram úteis, ou até necessários, para nossa sobrevivência emocional ou física, tornam-se rígidos como correntes e nos impedem de explorar novas possibilidades, de alçar novos voos. Tentar sair dessas "estradas conhecidas" e confortáveis para desbravar a "trilha inédita" e desconhecida da **criação original** é percebido pelo nosso sistema de alarme interno, aquele guardião ancestral, como um risco iminente. A incerteza do novo, o medo paralisante de errar, a possibilidade da crítica alheia ou do fracasso retumbante ativam a resposta de estresse em nosso organismo, inibindo parcialmente nossa capacidade de pensar com clareza criativa, de sonhar com ousadia e de planejar o novo com confiança. Ficamos, então, presos neste ciclo doloroso: queremos o novo, mas o sistema interno, buscando a segurança do conhecido, nos puxa de volta para o velho padrão, para a repetição que nos conforta, mas que também nos limita.

Você consegue identificar, com honestidade e compaixão, áreas em sua vida nas quais gostaria de inovar, de deixar sua marca singular, mas sente essa força poderosa da repetição puxando de volta para o "porto seguro" de sempre, talvez por medo do desconhecido ou pela força do hábito arraigado? Pense, por exemplo, naquela pessoa que sonha em mudar de carreira, em largar um emprego estável que lhe garante o sustento, mas que lhe rouba a alma, para se dedicar à sua paixão vibrante por culinária artesanal. Ela vislumbra um caminho de realização, de alegria, de propósito, mas o medo do julgamento alheio, da instabilidade financeira ou do fracasso a mantém presa a uma rotina que já não a preenche, que a esvazia dia após dia. Ela anseia por uma trilha nova, mas a força do hábito e o receio do desconhecido a paralisam na beira da estrada.

É nesse ponto crucial que a **criação original** nos convida a forjar espaços singulares, autênticos e vibrantes, tanto em nossa vida pessoal quanto em nossa jornada profissional. Veja o exemplo luminoso de João Pedro Resende, cofundador da Hotmart. Ele enfrentou a dificuldade de vender o próprio e-book e, em vez de apenas buscar soluções paliativas dentro dos modelos já existentes, ou simplesmente desistir do sonho, ele identificou uma lacuna no mercado, um espaço não explorado, uma necessidade não atendida. Movido por uma visão original e por uma dor que se tornou combustível, ele e o sócio não apenas resolveram seu problema particular, mas criaram uma plataforma que abriu um campo novo para milhares, milhões de outros criadores de conteúdo digital ao redor do mundo. Eles romperam com a repetição de apenas consumir ou adaptar o que já existia e construíram, com visão e ousadia, uma trilha inédita, permitindo que outras pessoas também pudessem trilhar os próprios caminhos, monetizando seus conhecimentos, suas paixões, seus dons únicos, abrindo um novo horizonte de possibilidades. Este é o poder transformador e contagiante da **criação original**: a coragem de olhar para um desafio não como um obstáculo intransponível, mas como um convite; e, em vez de apenas contorná-lo ou replicar soluções antigas e batidas, criar uma resposta que redefine o próprio campo de atuação, beneficiando não apenas a si, mas a todo um ecossistema.

Contrapondo-se a essa força poderosa da repetição, que nos puxa para o conhecido, existe o impulso inerente, divino, que reside em cada um de nós para a **criação original**. A capacidade humana para a criatividade é vasta, ilimitada e está ligada a uma complexa e maravilhosa dança interna. O pensamento que se expande e gera múltiplas ideias e conexões inusitadas (o pensamento divergente) envolve uma interação harmoniosa entre os estados mais introspectivos, sonhadores e intuitivos da mente e as partes mais analíticas que avaliam, selecionam e direcionam essas ideias para um objetivo concreto. A criatividade floresce com exuberância não quando estamos sob o jugo do estresse crônico e focando apenas a sobrevivência, mas em estados de maior segurança psicológica, de relaxamento profundo, de abertura mental e de confiança na vida. Além disso, a alegria intrínseca que sentimos na curiosidade infantil, na exploração lúdica e no próprio processo criativo é um combustível essencial e poderoso para a nossa motivação e persistência diante dos desafios.

Portanto, viver a **criação original** em sua plenitude envolve um duplo movimento: por um lado, aprender a acalmar a resposta de medo do nosso sistema nervoso diante do novo, do incerto, do desconhecido; por outro, criar as condições internas e externas que favoreçam o estado mental propício à geração e manifestação de ideias autênticas, que brotam da nossa alma. É um ato consciente de dialogar com nossa própria programação ancestral de sobrevivência para dar espaço à nossa programação essencial de expressão, crescimento e evolução. É escolher, como precisei fazer ao deixar minha antiga parceria, a incerteza fértil e promissora da trilha inédita sobre a segurança por vezes estéril e limitante da estrada já conhecida. É como o empreendedor visionário que, em vez de abrir mais uma franquia de um modelo de negócio já saturado no mercado, decide investigar as necessidades não atendidas de sua comunidade e cria um serviço inovador que não apenas prospera financeiramente, mas também enriquece a vida das pessoas ao redor, construindo, assim, seu espaço próprio e singular de contribuição para o mundo.

CULTIVANDO A CRIAÇÃO ORIGINAL: ABRINDO ESPAÇO PARA A ALMA INOVAR E FLORESCER

Se o nosso ser, por um lado, tende à repetição por uma busca natural de segurança, mas, por outro, possui um potencial criativo imenso, quase infinito, como podemos fortalecer a chama da **criação original** em nós no dia a dia? Como nos tornarmos especialistas em viver a partir desse impulso vital, dessa centelha divina, mesmo diante dos medos paralisantes e dos hábitos arraigados que nos puxam para trás? A chave reside, mais uma vez, em nossa capacidade milagrosa de transformação: a neuroplasticidade. Podemos, com intenção e amor, treinar nosso ser para se tornar mais criativo, mais original, mais ousado, abrindo clareiras luminosas em nossa existência onde antes só havia a mata fechada e escura dos condicionamentos, dos medos e das crenças limitantes.

Eis algumas práticas vivas e pulsantes que nutrem esse florescimento interior, permitindo que você construa sua própria paisagem de oportunidades:

- Criar espaço mental e temporal (o silêncio fértil da alma): A criatividade, essa flor delicada e poderosa, raramente floresce sob a pressão constante do relógio ou com a mente sobrecarregada de informações e preocupações. Precisamos de “espaços vazios”, de momentos de quietude e respiro, para que a mente possa divagar em liberdade, fazer conexões inesperadas e gerar *insights* luminosos. É como um jardim que precisa de solo arejado, de silêncio e de espaço para que as sementes germinem e floresçam em toda a sua beleza.
  - Como fazer com amor e intenção: Introduza pausas conscientes e revigorantes ao longo do dia, momentos sem estímulos externos excessivos, como olhar pela janela por alguns minutos, observando o movimento da vida sem julgar, sem analisar. Pratique a meditação não apenas para acalmar a mente tagarela, mas também para observar o fluxo de ideias que surgem, sem se apegar a elas, sem julgá-las, como se fossem nuvens brancas passando no céu azul da sua consciência. Reserve tempos não estruturados em sua agenda, como uma caminhada sem destino certo em um parque, permitindo que seus pensamentos vagueiem com liberdade, como borboletas coloridas. Permita-se o ócio criativo, aquele momento precioso em que você não está “produzindo” nada externamente, mas internamente está incubando novas possibilidades, gestando novas ideias. Essas práticas silenciam o crítico interno implacável e abrem espaço para a intuição, a voz da sua alma, sussurrar suas verdades mais profundas, ajudando a delinear seu espaço pessoal e profissional único e intransferível. Imagine um executivo que, em meio a uma agenda lotada e estressante, reserve trinta minutos diários para uma caminhada silenciosa na natureza. Nesses momentos de quietude e conexão, sem a pressão das demandas imediatas, surgem as soluções mais inovadoras para os desafios da empresa e uma clareza cristalina sobre os passos seguintes que dará na carreira, desenhando um futuro profissional mais alinhado com seus valores mais profundos e com o chamado da sua alma.

- Ressignificar a incerteza e o "erro" (abraçando o processo como um aprendiz da vida): O medo paralisante do desconhecido e o terror do fracasso são os maiores inibidores da nossa **criação original**. Precisamos, com coragem e compaixão, reeducar nossa resposta interna a eles, transformando-os não em monstros a serem temidos, mas em degraus dourados para a nossa jornada singular de crescimento e aprendizado.
  - Como fazer com sabedoria e compaixão: Use a ferramenta poderosa da reavaliação consciente: quando o medo de errar surgir com sua voz estrondosa, questione-o com a curiosidade de uma criança. O que você pode aprender com essa situação, mesmo que ela não saia como o esperado? A pergunta limitante "E se eu tentar e não der certo?" pode se transformar na pergunta expansiva "O que eu aprenderei de valioso se eu tentar, mesmo que o resultado não seja exatamente o que eu idealizei?". Reformule o conceito de "erro" como "*feedback* precioso" ou "experimentação criativa". Lembre-se: uma receita que não deu certo na cozinha pode ser o ponto de partida para uma nova e surpreendente criação culinária! Adote uma mentalidade de crescimento contínuo: veja os desafios não como ameaças, mas como oportunidades valiosas de aprendizado e fortalecimento. Além disso, pratique a autocompaixão: acolha o medo e a insegurança com gentileza e amor, como se acolhesse um amigo querido que está passando por um momento difícil. Isso ativa o sistema de segurança interna do seu ser, diminuindo a reatividade ao medo e permitindo que você ouse experimentar mais, expandindo as fronteiras do seu território conhecido e seguro. Pense em um aspirante a escritor que teme a rejeição das editoras. Ao ressignificar cada "não" recebido, encarando-os como um aprendizado sobre o mercado editorial e um convite amoroso a aprimorar sua escrita, ele continua perseverante, construindo sua voz única e autêntica até encontrar o seu público, aquele que de fato ressoa com sua mensagem.
- Neuroplasticidade pela ação criativa (pequenas e corajosas vitórias da originalidade): Aprendemos fazendo, experimentando, ousando. A

melhor maneira de fortalecer os circuitos sagrados da **criação original** em nosso cérebro e em nossa alma é agindo, com alma e coração, dando pequenos e corajosos passos em direção à sua trilha autêntica e singular.

→ Como fazer com leveza e alegria: Comece pequeno, mas comece agora! Qual ideia nova, por mais simples que pareça, você pode experimentar hoje? Qual pequeno passo você pode dar para sair de um padrão repetitivo que não lhe serve mais? Pode ser tentar um caminho diferente para o trabalho, apenas para mudar a perspectiva. Pode ser ouvir um gênero musical que você não costuma escutar. Ou iniciar uma conversa curiosa com alguém que pensa muito diferente de você. Pode ser dedicar quinze minutos para esboçar aquela ideia de negócio que ronda sua mente há tempos, ou escrever o primeiro parágrafo daquele projeto pessoal que está engavetado há anos, esperando o momento perfeito que nunca chega. Cada pequeno ato de experimentar o novo, de ousar o diferente, funciona como uma pequena vitória da alma, que fortalece as vias internas da criatividade, da coragem e da autoconfiança. Celebre o processo de tentar, de explorar, independentemente do resultado. Isso recalibra nossa satisfação interna para valorizar a exploração em si, a jornada, tornando o caminho da originalidade cada vez mais atraente, prazeroso e menos assustador. Um profissional que deseja mais autonomia em seu trabalho pode começar propondo uma pequena melhoria em um processo de sua equipe. O sucesso dessa singela iniciativa, ou mesmo o aprendizado com um possível revés, o encoraja a assumir projetos maiores e, eventualmente, a criar o próprio nicho de atuação dentro da empresa, ou, quem sabe, a empreender o próprio caminho com mais segurança e convicção.

E você? Sente o chamado para escolher **uma** dessas práticas e experimentá-la consistentemente, com amor, curiosidade e disciplina gentil, observando com admiração como essa ação abre espaço para a **criação original** jorrar como uma fonte cristalina?

Tornar-se especialista em viver a **criação original** não se trata de ter ideias geniais todos os dias ou de alcançar a perfeição em suas obras. Trata-se de cultivar a coragem indomável de romper com a repetição que nos aprisiona, a habilidade amorosa de criar espaço interno para o novo emergir, e a disposição alegre de experimentar, aprender e crescer continuamente, permitindo que a sua contribuição única e insubstituível venha ao mundo, como um presente precioso. É um ato sagrado escolher a trilha inédita da sua alma – mesmo que ela comece com um único passo incerto, fora do caminho conhecido. Esse gesto, porém, leva invariavelmente à construção de uma rota singular: um verdadeiro novo território de vida, expressão e significado profundo.

Perguntas poderosas para iluminar seu caminho

- Qual é o círculo vicioso de pensamentos ou comportamentos específicos – seja um receio que o(a) paralisa como uma estátua de gelo, seja uma autocrítica implacável que silencia a voz da sua alma criativa, seja um hábito de procrastinação que adia seus sonhos – que você reconhece, com coragem e honestidade, aprisionar o florescimento radiante da sua **criação original?**
- Se esse círculo limitante se desfizesse **agora** – como em um passe de mágica da sua consciência desperta e da sua decisão inabalável –, qual aspecto da sua **criação original** (sua essência singular, seu dom insubstituível, aquela ideia que faz seu coração cantar) você mais deseja manifestar no mundo? E como seria a sensação indescritível de vê-la ganhar vida, forma e expressão autêntica, tocando outras vidas?
- Que pequeno, porém corajoso, "oásis de consciência" – como uma pausa intencional para respirar e se reconectar com sua sabedoria interior, uma pergunta sincera e amorosa dirigida à sua alma, ou um gesto de autoacolhimento e celebração por sua ousadia – você se compromete a cultivar ainda **hoje**, a fim de começar a desatar esse nó paralisante e ousar edificar um fragmento de existência, um pedaço de mundo, que seja verdadeira, inconfundível e gloriosamente seu?

CAPÍTULO 13

PRESENÇA INTEIRA: A CASA DO CORPO VIVO, O SANTUÁRIO DA ALMA NO AGORA

Nem sempre as viradas mais espetaculares e transformadoras da nossa existência surgem de um roteiro meticulosamente elaborado pela mente ou de uma decisão fria e calculada. Há momentos em que a vida, com sua sabedoria por vezes desconcertante e surpreendente, nos arranca do trilho conhecido, da zona de conforto que nos aprisiona, e nos aponta, com clareza, uma nova direção. Um diagnóstico que cai como uma sentença inesperada, um susto que gela a alma até os ossos, uma notícia que faz desmoronar castelos de certezas que julgávamos inabaláveis – tudo isso pode funcionar como um chamado sagrado, um convite irrecusável para recalibrar a bússola interna e navegar em mares que jamais constaram em nossos mapas. Foi um desses abalos sísmicos da alma que redefiniu, para mim e minha amada família, o conceito sagrado de "lar": não mais um endereço geográfico fixo, mas um estado de ser, um santuário interior em que a alma encontra espaço para respirar em plenitude e ser quem de fato é.

Nossa filha caçula chegou ao mundo trazendo consigo uma alegria imensurável, um sol em nossas vidas, mas também um desafio que testaria o limite da nossa fé e força. Um quadro pulmonar frágil, uma condição delicada agravada pela atmosfera densa e cinzenta da grande São Paulo. As palavras diretas e incisivas do médico, ditas com a urgência de quem anuncia uma tempestade iminente, ecoaram como um trovão em céu azul, não davam margem para dúvidas ou adiamentos: "Ela precisa sair daqui urgentemente. O ar que ela respira em São Paulo é um veneno para seus pulmões delicados. Eles não terão a menor chance de se recuperar neste ambiente".

São Paulo. A metrópole que pulsava em nossas veias, o epicentro de nossos sonhos mais ambiciosos, de nossas carreiras em ascensão, de nossas conexões mais profundas. A cidade em que cada esquina sussurrava uma história, cada rua era um palco sagrado de memórias afetivas, de encontros e despedidas. De um instante para o outro, o lugar que chamávamos de lar se transformou em uma ameaça invisível. O concreto onipresente, o ritmo alucinante, a poluição que se infiltrava sorrateira em cada fresta de nossas janelas e almas – tudo aquilo que compunha a trilha sonora da nossa "normalidade" cotidiana – revelava-se agora um campo minado perigoso para a saúde preciosa da nossa pequena.

Naquele instante de pura vertigem, não houve tempo para longas deliberações, para planilhas de prós e contras, para cálculos frios de perdas e ganhos. Emergiu, avassalador como uma força da natureza, um movimento instintivo, visceral, brotado do mais puro e incondicional do amor: "Vamos embora. Agora". Não sabíamos para onde iríamos nem como seria a nova jornada. A única certeza era a necessidade imperiosa e inadiável de partir. Em busca de ar puro. Em busca da cura. Em busca de um refúgio seguro onde nossa filha pudesse, enfim, vicejar, florescer em saúde e alegria.

Desembarcamos no interior. No desconhecido. No silêncio que abraçava a alma, contrastando de maneira radical e quase chocante com a cacofonia urbana que nos era tão familiar. A terra vermelha e fértil, pulsante de vida, substituiu o asfalto frio e impessoal. O céu, um manto vasto e cravejado de estrelas cintilantes, tomou o lugar do brilho artificial e ofuscante das luzes da cidade. O canto dos pássaros ao alvorecer, tornou-se nosso novo despertador celestial, uma melodia suave e curadora que substituía o ronco impaciente e estressante das buzinas que antes ditavam nosso ritmo.

Confesso que, nos primeiros tempos, o medo era um sussurro constante e gélido em meus ouvidos, sobretudo ao cair da noite, quando o silêncio se tornava mais profundo. "Você está se desenraizando do seu centro profissional, do lugar em que construiu sua história." "Está abandonando suas conquistas, sua rede de contatos valiosa, sua trajetória de tanto esforço." "E se aqui não for o lugar certo? E se o arrependimento amargo bater à porta?" A mente, essa incansável guardiã da zona de conforto, essa advogada do conhecido, resistia com todas as forças. Questionava. Duvidava. Tentava, a todo custo, nos rebocar de volta para a segurança aparente do que nos era familiar, mesmo que esse familiar estivesse nos adoecendo. Porém, o coração, em sua sabedoria silenciosa, profunda e inabalável, sabia. Sabia que estávamos onde deveríamos estar, no lugar certo, na hora certa.

Dani, minha esposa amada, rocha de sustentação e alma gêmea de jornada, mantinha-se firme como um carvalho, presente em cada instante, transmutando receios em confiança a cada novo amanhecer. Minha mãe, com sua sabedoria ancestral que acalma e um amor que transborda e cura, nos envolvia em um manto de amparo e serenidade fortalecedores. E, acima de qualquer argumento racional, a cada inspiração mais profunda e serena da nossa filha, a cada mínimo sinal de melhora em seus pulmões ainda frágeis, a vida nos confirmava, com uma generosidade que desarmava qualquer resquício de dúvida em nossa alma: "Vocês fizeram a escolha certa, a escolha do coração, a escolha pela vida".

Ali, naquele oásis inesperado de paz e cura, redescobrimos um novo compasso para viver, uma nova melodia para a alma. Um ritmo mais cadenciado, mais consciente, mais profundamente entrelaçado aos ciclos sagrados da natureza e à beleza genuína e simples dos encontros verdadeiros, de coração a coração. Os amigos que floresceram naquela terra abençoada se tornaram nossa "família de alma" – aquela que não se define por laços de sangue, mas pela partilha da jornada, das dores que ensinam e lapidam, das esperanças que impulsionam e iluminam. Aquela com quem nos sentamos na varanda ao entardecer, imersos em um silêncio eloquente, que fala mais que mil palavras, apenas absorvendo a beleza do instante presente, sem a necessidade ansiosa de preencher o espaço com palavras protocolares ou ruídos vazios. Descobrimos que a vida autêntica não pulsa onde há mais ruído ou mais movimento frenético. Ela pulsa onde há mais significado. Onde as pequenas coisas, os pequenos milagres do cotidiano, resgatam seu valor sagrado e esquecido: o aroma da terra molhada após a chuva que lava a alma, o abraço que conforta e demora, que diz "estou aqui com você", o riso solto e cristalino de uma criança que enfim pode correr livre e feliz, o sabor do pão partilhado à mesa com amor e gratidão.

Hoje, ao olhar para trás, para essa travessia que nos transformou, fica claro como um sol do meio-dia: não fugimos de São Paulo. Nós corremos em direção à vida pela qual nossa alma, em segredo, ansiava e pedia. Naquele lugar em que imaginávamos estar "longe de tudo", reencontramos o nosso tudo, a nossa essência. Não em um endereço físico, em uma casa de tijolos, mas em um estado de presença luminosa, de conexão profunda. Casa não é onde fincamos raízes geográficas. Casa é onde podemos respirar com a alma inteira, onde nosso ser encontra refúgio, paz e pode ser quem verdadeiramente é. E, por vezes, é imperativo que a vida nos tire do rumo que traçamos com a mente para nos devolver ao nosso verdadeiro caminho – o de volta para dentro, para o nosso centro vital, para a casa sagrada da nossa alma.

PRESENÇA E AUSÊNCIA: HABITANDO O CENTRO VITAL OU NAVEGANDO NA PERIFERIA DA ALMA

A jornada da nossa família, saindo do turbilhão ensurdecedor da metrópole para redescobrir a calmaria serena e a conexão profunda no interior, serve como uma metáfora viva e pulsante para a quinta força identitária que agora exploraremos juntos: a **presença inteira.** E o que significa viver essa presença em nosso dia a dia? Significa ancorarmo-nos no momento presente com a totalidade do ser – corpo, mente e espírito –, enraizados em nosso eixo vital, em nosso centro de poder interior, em vez de flutuarmos "deslocados", à deriva nas marés turbulentas das ruminações passadas aprisionadoras, nas ondas de ansiedade paralisante pelo futuro que ainda não chegou, ou na superficialidade das distrações incessantes que nos roubam o tesouro do agora.

Muitos de nós, imersos na velocidade vertiginosa e nas demandas implacáveis da vida moderna, habitamos predominantemente esse estado de "deslocamento" da alma, de exílio de nós mesmos. Reside-se muito mais na mente tagarela e inquieta do que no corpo sábio e presente. Nossa atividade mental, errática e caótica, opera em piloto automático, saltitando de um pensamento a outro como um macaco agitado, raramente ancorada neste instante sagrado, que é tudo o que de fato temos. O estresse crônico se tornou uma epidemia e uma avalanche de informações que nos bombardeiam a cada segundo, de modo que mantêm nosso sistema interno em estado de alerta constante, de "luta ou fuga", como se estivéssemos sempre diante de uma ameaça. O resultado, que muitos de nós conhecemos bem, é uma respiração curta, ofegante e superficial, uma tensão muscular que se torna crônica e dolorosa, dificuldade de concentração (nossa clareza mental se esvai sob a pressão constante) e uma sensação persistente de urgência, de apreensão, de que algo terrível está prestes a acontecer. Essa desconexão profunda com a experiência presente, com o sentir do corpo, muitas vezes nos ensurdece para a escuta corporal interna, para a sabedoria intuitiva que reside em nós, levando-nos a ignorar necessidades vitais de descanso reparador, de nutrição adequada, de equilíbrio emocional. Vivemos, como mencionei antes, na periferia de nós mesmos, reagindo às circunstâncias da vida como "folhas ao vento", sem leme, sem centro.

Em contrapartida, a **presença inteira** pulsa em um estado interno radicalmente diferente, um estado de graça e poder. Ela se manifesta em um equilíbrio mais saudável e harmonioso, no qual a mente encontra repouso e serenidade, e a atenção retorna amorosamente ao presente sempre que necessário, como um pássaro que volta ao ninho. A consciência está mais fincada no corpo, no templo sagrado que habitamos, permitindo uma escuta interna mais apurada, mais conectada com nossas reais necessidades. E, de maneira crucial e transformadora, nosso sistema nervoso opera com mais serenidade, segurança e conexão, no modo de "descansar e digerir", o modo da cura e da regeneração. Esse estado é facilitado por mecanismos internos poderosos, como a respiração profunda e diafragmática, que enviam sinais de segurança e tranquilidade ao nosso ser, diminuindo o ritmo cardíaco, relaxando a musculatura tensa e promovendo um estado de clareza mental, foco e abertura emocional.

A tradição japonesa, com sua sabedoria milenar, denomina **hara** o centro físico e energético desse estado, localizado alguns dedos abaixo do umbigo. Estar conectado ao hara é estar enraizado como uma árvore ancestral, equilibrado como um mestre zen, agindo a partir de um centro de gravidade interno, com a força resiliente e, ao mesmo tempo, flexível do bambu, que se curva à tempestade, mas não se quebra. Você consegue perceber em seu corpo a diferença vibrante entre operar a partir dessa sensação de centro, de ancoragem – talvez com a respiração mais baixa, mais calma, mais profunda –, e estar "deslocado(a)", com a energia predominantemente na cabeça ou no peito, em estado de alerta, dispersão ou reatividade constante?

A **presença inteira** não é um estado místico reservado a poucos iluminados ou monges em montanhas distantes; é a capacidade sagrada, passível de treino e desenvolvimento amoroso, de retornar a esse centro, de habitar nosso corpo e o instante presente, transcendendo o piloto automático da mera sobrevivência para mergulhar no fluxo consciente, vibrante e milagroso da vida.

Pensemos, com o coração aberto para aprender, na trajetória luminosa de Arianna Huffington, uma figura já consagrada no mundo da mídia como cofundadora do influente *The Huffington Post*. No ápice de uma carreira meteórica, personificando o ideal de sucesso que com frequência exige o sacrifício incessante do bem-estar pessoal, Arianna vivenciou um divisor de águas dramático em sua vida: um colapso físico devido à exaustão extrema. Um desmaio súbito, uma fratura no rosto e, o mais importante, um despertar brutal para a realidade insustentável de seu estilo de vida frenético. Essa experiência dolorosa, essa "dor" aguda do esgotamento que a fez parar à força, foi o catalisador divino para uma profunda e corajosa reavaliação de sua vida e seus valores. Ela percebeu, com uma clareza que só emerge quando somos forçados a parar e escutar o corpo com atenção, que o modelo de sucesso vigente em nossa sociedade – aquele que glorifica o estar sempre "ligado", a privação crônica de sono e a negligência sistemática das necessidades básicas do ser – era não apenas insustentável a longo prazo, mas profundamente destrutivo para a alma e para o corpo.

Em vez de apenas se recuperar para retornar à mesma espiral frenética de antes, Arianna usou essa tomada de consciência – essa presença forçada para as próprias necessidades e para uma "dor" social mais ampla e urgente, a epidemia de *burnout* que assola o mundo – para semear algo novo e transformador. Ela fundou a Thrive Global, uma empresa e plataforma dedicada a transformar a maneira como vivemos e trabalhamos, combatendo o estresse e o esgotamento por meio da promoção do bem-estar integral, da sabedoria ancestral e de uma ciência comportamental de ponta. Com essa mudança radical e inspiradora, Arianna não apenas encontrou uma nova e próspera via profissional, mas também uma profunda realização pessoal ao liderar uma conversa global sobre saúde mental, produtividade sustentável e a importância vital de recarregar as energias, de cuidar de si. Sua iniciativa passou a impactar positivamente a vida pessoal e, sobretudo, a dinâmica familiar de inúmeras pessoas, incentivando uma cultura na qual o sucesso profissional e a felicidade familiar não são mutuamente exclusivos, mas se nutrem e se fortalecem. Arianna esculpiu, com visão e coragem, um espaço de originalidade e significado profundo, demonstrando que é possível aliar alta performance à qualidade de vida, criando um ecossistema no qual a realização profissional floresce em perfeita harmonia com a saúde, a alegria e a preciosidade dos laços familiares.

Assim como Arianna Huffington identificou um espaço de necessidade urgente em nossa sociedade – a cura para a cultura do burnout – e criou, a partir de sua dor e do seu despertar, uma abordagem singular e próspera, a **presença inteira** nos capacita a reproduzir tal feito em nossa vida pessoal e profissional. Ao estarmos de fato presentes, começamos a enxergar com mais clareza não apenas nossas dores e desconfortos, mas também os espaços vazios e férteis, as necessidades não atendidas – em nós mesmos, em nossos relacionamentos e no mundo ao redor. Deixamos de operar no modo reativo, simplesmente respondendo às demandas incessantes de um mercado voraz ou de expectativas alheias que nos desviam de nosso eixo, e passamos a agir a partir de um lugar de autenticidade, de propósito, de conexão com a alma. A **presença inteira** nos permite identificar nossos dons únicos, nossas paixões mais profundas e as contribuições singulares que apenas nós, com nossa história e nossa essência, podemos oferecer ao mundo. Em vez de competirmos de modo exaustivo em cenários saturados, em que todos lutam pelas mesmas migalhas de reconhecimento, começamos a criar, com amor e intenção, nossos próprios espaços de valor, nos quais nossas habilidades e essência podem florescer sem a necessidade de nos moldarmos a formas pré-existentes que não nos servem. Cultivamos um terreno fértil para que a originalidade se manifeste, seja na maneira como conduzimos relacionamentos com mais verdade, como educamos nossos filhos com mais consciência, como lideramos equipes com mais empatia ou como construímos empreendimentos com mais alma. É um movimento sagrado de dentro para fora, em que a conexão com nosso centro vital ilumina o caminho para a uma vida e um trabalho que sejam a expressão autêntica e radiante de quem somos, nutrindo tanto o sucesso exterior quanto a felicidade familiar e a paz interior.

CULTIVANDO A PRESENÇA INTEIRA: RETORNANDO AMOROSAMENTE À CASA DO CORPO VIVO

Se viver deslocado da nossa essência, da nossa casa interior, é um padrão aprendido e reforçado pela cacofonia ensurdecedora da vida moderna, como podemos usar nossa capacidade inata e divina de transformação – nossa milagrosa neuroplasticidade – para cultivar a **presença inteira** e fortalecer nossa conexão sagrada com o hara, nosso centro de poder e serenidade? A chave reside em práticas consistentes, amorosas e intencionais que nos ajudem a desligar o piloto automático mental que nos governa e a retornar, com gentileza e firmeza, à consciência ancorada no corpo e no momento presente, o único lugar em que a vida de fato acontece. Tornar-se um especialista em **presença inteira** tem menos a ver com alcançar um estado de iluminação permanente e inatingível, e mais com desenvolver a habilidade resiliente e amorosa de retornar ao centro, repetidas vezes, quando percebemos que nos perdemos na dispersão da mente, na reatividade emocional ou na ruminação sobre o passado ou o futuro.

Aqui estão algumas práticas fundamentais, portais de acesso sagrados para cultivar essa força interior que já habita em você

- Respiração consciente (foque o hara) – a chave mestra da calma interior e da conexão com a vida: A respiração é a via mais direta, sagrada e poderosa para influenciar nosso estado interno, nossa paisagem emocional. A respiração curta, superficial e predominantemente torácica nos mantém em estado de alerta, tensão e ansiedade. Em contraste, a respiração lenta, profunda e abdominal, cujo foco é a região do hara (centro de energia vital), envia sinais de segurança, calma e tranquilidade ao sistema nervoso, ativando a resposta de relaxamento e a calma interior.
    - → Como fazer com amor e presença: Reserve alguns momentos preciosos ao longo do seu dia, como pequenos oásis de paz. Sente-se ou deite-se de modo confortável, com a coluna ereta, mas os ombros relaxados. Coloque uma das mãos suavemente sobre o abdômen, alguns dedos abaixo do umbigo. Inspire lentamente

pelo nariz, permitindo que o ar preencha primeiro a parte baixa dos pulmões, sentindo o abdômen se expandir como um balão que se enche de vida. Expire devagar, pela boca ou pelo nariz, sentindo o abdômen se recolher. Procure fazer a expiração um pouco mais longa que a inspiração, soltando todas as tensões. Repita esse ciclo por alguns minutos, sentindo a calma se instalar em seu ser. Essa prática simples, mas transformadora, reduz a agitação interna, clareia a mente e nos reconecta com nosso centro de poder e paz.

- Escaneamento corporal (habitando o templo sagrado do corpo): Desviar a atenção da mente pensante e tagarela e direcioná-la deliberadamente para as sensações físicas é uma maneira eficaz de ancorar no presente e desenvolver a escuta corporal interna, aprendendo a linguagem sutil e sábia do nosso organismo, que sempre nos comunica a verdade.
    - → Como fazer com curiosidade e acolhimento: Sente-se ou deite-se em uma posição confortável em um local no qual você não seja interrompido. Feche os olhos. Leve sua atenção, de maneira lenta, curiosa e amorosa, para cada parte do seu corpo, começando pelos dedos dos pés e subindo gradualmente, como uma onda de consciência, até o topo da cabeça. Apenas observe, com gentileza e sem julgamento, as sensações presentes em cada região: calor, frio, formigamento, tensão, peso, leveza, pulsação, ou talvez nenhuma sensação específica. Se a mente divagar – e ela certamente o fará, pois essa é sua natureza – apenas reconheça para onde ela foi, sem crítica, e, com amabilidade e firmeza, traga a atenção de volta para a sensação corporal que estava explorando. Essa prática constante e amorosa fortalece nossa consciência dos sinais preciosos do corpo, tornando-nos menos reféns dos pensamentos automáticos e mais íntimos de nós mesmos, mais em casa em nosso próprio ser.
- Movimento consciente (integrando corpo, mente e espírito em dança harmônica): Práticas como yoga, tai chi chuan, qigong, ou mesmo uma caminhada atenta e contemplativa na natureza, integram de maneira sublime a respiração, o movimento e a consciência corporal, promovendo

um estado de presença encarnada, fluida e vibrante. O sentir constante do corpo em movimento ajuda a manter a mente ancorada no presente, celebrando a vida que pulsa em nós como um milagre a cada instante.

  - → Como fazer com alegria e fluidez: Experimente caminhar prestando atenção total e amorosa às sensações: o contato dos seus pés com o chão a cada passo, o balanço suave dos seus braços, o movimento ritmado dos músculos das pernas e do tronco, o ritmo da sua respiração que acompanha o movimento, os sons ao redor que chegam a seus ouvidos, as cores e formas que se apresentam a seus olhos. Ou, quando se espreguiçar pela manhã ao acordar, faça-o com total atenção, sentindo cada músculo que se alonga e desperta para um novo dia. O objetivo é trazer a consciência plena para a experiência viva e dinâmica do corpo em movimento, honrando esse templo sagrado que nos permite experienciar a vida.

- Atenção plena nas atividades diárias (transformando o ordinário em extraordinário, o profano em sagrado): Podemos, com intenção e graça, transformar qualquer atividade rotineira, por mais simples e banal que pareça, em uma prática sagrada de presença, interrompendo o piloto automático que nos governa e infundindo o momento com consciência, amor e gratidão.
  - → Como fazer, com reverência ao presente: Escolha uma atividade diária comum – como escovar os dentes com atenção, lavar a louça como uma meditação em movimento, tomar um banho sentindo cada gota d'água como uma bênção ou saborear uma xícara de chá com todos os seus sentidos despertos. Realize-a com atenção plena a todas as suas sensações: o cheiro do creme dental, o som da água correndo suavemente, a sensação da esponja em suas mãos, a temperatura da água em sua pele, o aroma e o sabor do chá que aquece seu corpo e sua alma. Quando a mente começar a divagar para preocupações ou planejamentos futuros (e ela o fará!), gentilmente traga-a de volta, com amor e paciência, à experiência sensorial do momento presente. Isso treina nossa capacidade de encontrar ancoragem, contentamento

e até alegria nas coisas mais simples da vida, mesmo fora da meditação formal.

Cultivar a **presença inteira** não se trata de adicionar mais uma tarefa a uma lista já sobrecarregada de afazeres, mas de infundir nossas atividades existentes com uma nova qualidade de atenção, uma nova profundidade de ser, uma nova conexão com a vida. Ao fazermos isso, criamos o solo fértil em que não apenas a calma, a clareza e o discernimento florescem com exuberância, mas também onde as outras **forças identitárias** que já exploramos encontram o espaço e a energia necessários para se manifestarem em sua plenitude radiante. A **presença inteira** é a chave mestra que abre a porta sagrada para vivermos nossa originalidade, não como um ideal distante e inatingível, mas como uma realidade palpável, vibrante e satisfatória, aqui e agora, na casa viva e pulsante do nosso corpo.

Perguntas poderosas para iluminar seu caminho

- Em quais momentos específicos do seu cotidiano você mais se percebe "deslocado(a)" de seu centro vital, navegando à deriva em pensamentos sobre o passado que já se foi, ou em ansiedades sobre o futuro que ainda não chegou, ou apenas reagindo no piloto automático às circunstâncias da vida, esquecendo-se de quem você realmente é?
- Ao reconhecer esses momentos de desconexão de si mesmo(a), qual o impacto mais profundo que você sente em sua inteireza, em sua vitalidade, em sua capacidade de sentir a vida pulsar em você? E que chamado interno, como um sussurro amoroso da alma, surge para retornar à "casa viva" do seu corpo e habitar com plenitude o presente sagrado?
- Qual pequena e amorosa prática de ancoragem no presente – seja uma respiração consciente voltada para seu hara enquanto espera na fila do banco, seja a atenção plena ao saborear seu café da manhã, seja outra prática simples que ressoe em seu coração – você se compromete a experimentar **hoje**, como um primeiro passo concreto e transformador para cultivar mais presença, bem-estar e alegria em sua jornada?

CAPÍTULO 14

INSPIRAÇÃO VIVA: A ALMA QUE RESPIRA SUA VERDADE NO MUNDO

A verdadeira inspiração não ecoa de performances grandiosas ou de discursos vazios, mas da humanidade pulsante que ousamos revelar ao mundo com coragem e coração aberto. É a alma respirando sua verdade mais profunda, sem máscaras, e, ao fazê-lo, convidando outras almas a também encontrar a própria melodia.

Existe uma expressão que desvendou para mim, com a clareza de um relâmpago em noite escura, a essência da sexta força identitária: a **inspiração viva**. Ela não é uma força que se projeta ativamente sobre os outros por meio de discursos motivacionais inflamados ou exemplos de vida impecáveis e inatingíveis. Pelo contrário, a **inspiração viva** é a radiação natural, o contágio sutil e poderoso que emana de um ser que simplesmente é – inteiro, presente, congruente com sua essência. O desafio central que a **inspiração viva** nos convida a transcender é a tendência, tão humana, de nos escondermos atrás de máscaras de perfeição, muitas vezes por um medo profundo de reviver as dores do desamor, do desamparo ou da desvalorização que marcaram nossa história. A transformação que ela promete, e cumpre, é a libertação dessas máscaras que nos sufocam, permitindo-nos tocar e ser tocados autenticamente, de alma para alma, construindo uma autoimagem forte, genuína e amorosa ao ousarmos ser quem de fato somos e, assim, inspirar com naturalidade, como o sol que brilha.

O DESPERTAR DA FORÇA: UMA JORNADA PESSOAL, UM ECO UNIVERSAL

Por muito tempo, confesso, acreditei que inspirar exigia uma performance impecável, uma versão extraordinária e quase sobre-humana de mim mesmo. Buscava a palavra perfeita, a história irretocável, a excelência que, eu pensava ingenuamente, abriria corações e transformaria vidas. No entanto, a vida me mostrou que a verdadeira conexão humana, aquela que nutre e cura, nasce não do brilho que fabricamos com esforço, mas da verdade que revelamos com coragem.

Foi em uma palestra aparentemente comum, como tantas outras que já havia ministrado. Contudo, naquele dia específico, algo em mim havia mudado. Cansado da performance exaustiva, da busca incessante pela aprovação externa que nunca satisfaz plenamente, decidi me entregar de um jeito novo, mais nu, mais real: presente, inteiro, verdadeiro, sem roteiros ensaiados ou máscaras cuidadosamente elaboradas. Falei com a alma, permitindo que minhas vulnerabilidades, minhas lutas e meus aprendizados mais íntimos viessem à tona, como rios que encontram o mar.

Ao final, uma mulher se aproximou, os olhos marejados de um reconhecimento que me tocou. "Estou saindo daqui outra pessoa", ela disse, a voz embargada pela emoção que transbordava. "Não tanto pelo que você disse... mas por quem você foi enquanto dizia. Pela primeira vez em muito, muito tempo... eu me vi em alguém. Vi que é possível ser inteiro, mesmo sendo imperfeito. Isso me deu permissão para voltar a ser eu mesma, para resgatar a minha verdade." Naquele instante de epifania, uma revelação me atravessou a alma como um raio de luz: o que verdadeiramente toca o coração do outro não é a perfeição inatingível que tentamos projetar, mas a humanidade compartilhada, com todas as suas luzes e sombras, suas forças e fragilidades.

Essa experiência, embora pessoal, ecoa um anseio universal que habita em cada um de nós: o desejo ardente de conexão genuína e a permissão sagrada para sermos nós mesmos, sem medo, sem culpa, sem reservas. Muitos de nós carregamos o peso esmagador de ter que performar constantemente, de esconder nossas imperfeições como se fossem crimes, temendo que nossa verdade nua e crua não seja suficiente, não seja digna de amor ou aceitação. No entanto, a verdade libertadora é que a autenticidade é contagiosa, é magnética e divinamente inspiradora.

ANATOMIA DA INSPIRAÇÃO VIVA: COMPREENDENDO SUA FORÇA RADIANTE E SEUS DESAFIOS SUTIS

A **inspiração viva** é a sexta força identitária que exploramos juntos no caminho da originalidade, essa jornada de volta para casa, para nossa essência. Não se trata, quero que isso fique muito claro, de uma técnica fria ou de uma estratégia calculada para influenciar ou manipular pessoas. Trata-se, sim, da emanação natural, da fragrância sutil que exala de um ser que vive em congruência profunda com sua verdade interior, com sua alma. É a qualidade de presença que, por si só, sem esforço, cria um campo de permissão amorosa para que outros também se conectem com a própria autenticidade, com a própria luz. Quando ativa e equilibrada em nós, a **inspiração viva** manifesta-se como uma calma contagiante que acalma as tempestades alheias, uma clareza que ilumina os caminhos mais escuros, uma coragem silenciosa que encoraja outros a dar os próprios saltos de fé. Seu papel fundamental é nos mostrar, com a sabedoria do coração, que nossa maior contribuição e nossa mais potente fonte de influência positiva no mundo reside em sermos quem verdadeiramente somos, inteiros, presentes e autênticos.

A DINÂMICA DO BLOQUEIO: POR QUE IGNORAMOS OU SUFOCAMOS ESSA FORÇA LUMINOSA?

Vivemos, muitas vezes sem perceber, sob o jugo sutil do "mito da inspiração perfeita": a crença limitante de que, para influenciar positivamente, para sermos luz no caminho de alguém, precisamos esconder nossas falhas, dores, vulnerabilidades, apresentando ao mundo uma versão editada, retocada e impecável de nós mesmos. Esse mito é alimentado pelo medo ancestral – medo do julgamento, medo da rejeição, medo de não sermos suficientes – cujas raízes, muitas vezes, estão fincadas em experiências passadas de desamor, desamparo ou desvalorização, como já vimos em nossa jornada. Esses medos nos levam a construir fachadas elaboradas, a performar em vez de simplesmente ser. A incongruência entre o que mostramos ao mundo e o que sentimos em nosso íntimo é captada, mesmo que de modo inconsciente, pelo radar sensível do outro, gerando desconfiança e distanciamento em vez de conexão. A perfeição excessiva, aquela que parece inatingível, por sua vez, pode intimidar, pode criar um abismo, em vez de construir pontes de empatia. A voz do crítico interno, esse carcereiro da alma, sussurra sem cessar que "não somos bons o suficiente como somos", e, assim, luta com ferocidade contra a melodia libertadora da **inspiração viva**, que nos convida, com ternura, a simplesmente ser, a respirar nossa verdade.

A RELEVÂNCIA VITAL DA INSPIRAÇÃO VIVA EM NOSSA JORNADA DE ALMA

Cultivar a **inspiração viva** é crucial em nossa jornada de autodescoberta e realização plena, pois ela nos liberta da exaustiva e interminável busca por aprovação externa, que tanto nos drena a energia. Permite-nos construir relacionamentos mais profundos, mais verdadeiros e mais significativos, baseados na confiança mútua e na verdade compartilhada. Profissionalmente, uma liderança ou uma presença inspirada pela autenticidade genuína gera engajamento verdadeiro, nutre a criatividade e fomenta ambientes colaborativos em que todos se sentem seguros para serem quem são. E o mais importante: essa força identitária contribui imensamente para a manifestação da nossa singularidade no mundo. Ao sermos nós mesmos, com coragem e amor, criamos um espaço único e sagrado no mundo, no qual nossa contribuição se torna inigualável, pois brota da nossa essência mais verdadeira, da fonte cristalina da nossa alma.

UMA HISTÓRIA DE CRIAÇÃO ORIGINAL, INSPIRAÇÃO VIVA E IMPACTO GLOBAL QUE TOCOU MILHÕES DE CORAÇÕES

Pensemos, com reverência e admiração, na jornada luminosa da apresentadora, jornalista e empresária norte-americana Oprah Winfrey. Nascida em meio à pobreza extrema e marcada por traumas profundos e indizíveis na infância e adolescência, incluindo abusos e perdas dolorosas, Oprah poderia ter sucumbido à narrativa de vítima, repetindo padrões de desamor, escassez e desvalorização. No entanto, ela escolheu, com uma força que brotava de um lugar desconhecido dentro dela, um caminho diferente, de transformação e **transcendência.**

O ponto de virada em sua trajetória foi a decisão corajosa e visionária de usar sua plataforma, inicialmente um *talk show* tradicional e muitas vezes superficial, para criar um espaço de diálogo autêntico, de cura compartilhada e de conexão humana sem precedentes, manifestando, assim, com uma **inspiração viva.** Ela transgrediu as fronteiras estreitas do que se esperava daquele formato de programa de televisão. Enquanto outros buscavam o escândalo fácil, a fofoca vazia, Oprah mergulhou com coragem e compaixão na experiência humana, com todas as suas complexidades. Ela compartilhou suas lutas e dores mais íntimas, suas buscas incessantes por significado e cura, e, ao fazer isso, deu voz e validação a milhões de pessoas que se sentiam sozinhas nas próprias batalhas. Oprah não apenas falou sobre vulnerabilidade; ela a encarnou com uma coragem que desarmou o mundo.

Transformou seu programa, e subsequentemente seu vasto império de mídia, em um território fértil de originalidade e significado. Em vez de competir nos termos já estabelecidos e saturados do mercado televisivo, ela redefiniu o jogo, criando um novo campo de valor, focando a necessidade profunda e universal de seu público por conexão verdadeira, por inspiração genuína; por um espelho que refletisse não a perfeição ilusória, mas a beleza da alma humana em sua jornada de aprendizado e crescimento. Seu império foi erguido sobre a coragem de encarar a própria dor, de transformá-la em sabedoria e de compartilhá-la como um presente de cura para o mundo. A **inspiração viva** foi instrumental em sua jornada, pois sua autenticidade crua e sua vulnerabilidade corajosa ressoaram no coração de milhões, construindo uma lealdade e um impacto que transcendiam o comum, provando que é possível, sim, criar um legado de significado duradouro a partir das próprias feridas.

ATIVANDO SUA INSPIRAÇÃO VIVA: DA INSPIRAÇÃO À AÇÃO TRANSFORMADORA EM SEU COTIDIANO

A história de Oprah, assim como a revelação que vivi naquela palestra, ilustra como a verdadeira inspiração opera em um nível de ressonância sutil, de alma para alma. Quando estamos presentes, inteiros, conectados à nossa verdade mais íntima, essa qualidade irradia de nós naturalmente, como o perfume de uma flor, e é “sentida” pelos outros, mesmo que de maneira inconsciente. Essa **inspiração viva** não é exclusiva de figuras públicas carismáticas ou de “gurus” iluminados; é uma capacidade inerente, uma chama sagrada que habita em todos nós, esperando apenas para ser expressa em nossa vida cotidiana, em nossos encontros mais simples, em nossas palavras mais sinceras.

Manifestações práticas da inspiração viva em seu dia a dia

Você pode começar a despertar e a expressar essa força luminosa em pequenas e grandes ações, com intenção e amor. Na vida pessoal, pode ser ouvir um amigo com presença total, com o coração aberto, sem julgamentos ou conselhos apressados; pode ser compartilhar uma experiência sua com vulnerabilidade apropriada, mostrando suas cicatrizes como mapas de aprendizado; ou permitir-se rir com gosto ou chorar com a alma na presença de outros, sem medo de ser julgado. Profissionalmente, pode ser liderar uma reunião com calma e clareza, mesmo sob pressão, transmitindo segurança e confiança; pode ser reconhecer um erro e o aprendizado valioso que ele trouxe, demonstrando humildade e humanidade; ou encorajar um colega de trabalho compartilhando a própria jornada com desafios semelhantes, mostrando que ele não está sozinho. Trata-se de escolher a autenticidade em vez da performance, a conexão genuína em vez da perfeição ilusória.

A inspiração viva como antídoto poderoso para as dores da alma

O desenvolvimento consciente dessa força identitária auxilia direta e profundamente na superação das sequelas dolorosas do desamor, do desamparo e da desvalorização que carregamos. Ao ousarmos ser verdadeiros e nos conectarmos com os outros a partir desse lugar de autenticidade e vulnerabilidade, começamos a reescrever as narrativas internas de inadequação e de não merecimento que tanto nos limitaram. Cada ato de **inspiração viva**, por menor que seja aos nossos olhos, reforça uma autoimagem mais forte, mais positiva e mais autêntica, provando para nós mesmos, em primeiro lugar, que somos suficientes e valiosos exatamente como somos, com todas as nossas luzes e sombras.

SUA INSPIRAÇÃO VIVA NO DIA A DIA: CULTIVANDO A ALMA QUE RESPIRA NO MUNDO

Cultivar a **inspiração viva**, essa alma que respira sua verdade no mundo e toca outras almas, não se trata de aprender técnicas frias e calculadas de "como ser inspirador", mas sim de focar, com amor e intenção, o cultivo do nosso estado interno de ser, a nossa congruência mais profunda. Como qualquer força identitária, seu desenvolvimento requer intenção focada e prática consistente, nutrindo as sementes da neuroplasticidade que nos permitem viver com mais inteireza, verdade e alegria.

- A **presença inteira** desperta e irradiante: Essa prática sagrada consiste em ancorar-se no templo do seu corpo e no santuário do agora para operar com mais equilíbrio, calma e centramento, criando uma presença coerente que naturalmente ressoa de maneira positiva nos outros.
  - → Como fazer com amor e disciplina gentil:
    - Pause várias vezes ao dia: Reserve apenas um a dois minutos preciosos.
    - Sinta os pés firmes no chão, a respiração entrando e saindo suavemente, como as ondas do mar.
    - Observe seus pensamentos e suas emoções sem julgamento, como nuvens brancas passando no céu azul da sua consciência.
    - Retorne gentilmente a atenção à respiração, a seu centro. Integre micromomentos de ancoragem corporal ao longo do seu dia, como pequenas pausas para a alma.
- O elo da vulnerabilidade autêntica e curadora: Essa prática curadora envolve compartilhar suas lutas, seus aprendizados e suas fragilidades de maneira honesta e com discernimento (escolhendo o momento e a pessoa certos), para criar pontes de conexão profunda, confiança mútua e empatia.
  - → Como fazer com coragem e coração aberto:
    - Identifique uma relação segura e confiável em sua vida (um amigo querido, um familiar amoroso, um mentor sábio).
    - Escolha compartilhar uma pequena vulnerabilidade ou um aprendizado recente que tenha sido significativo para você.
    - Foque expressar sua experiência a partir do "eu" (exemplo: "Eu me senti assim quando...", "Eu aprendi que para mim...").

- Observe como você se sente ao compartilhar e como a outra pessoa responde, praticando a autocompaixão por sua coragem, independentemente da reação externa.

- A bússola da paixão viva que contagia: Essa prática vibrante se refere a engajar-se em atividades que verdadeiramente acendem a chama da sua alma, que o(a) conectam com seu propósito mais profundo, permitindo que sua energia autêntica flua em liberdade e contagie positivamente aqueles ao redor.
  - → Como fazer, com alegria e entusiasmo:
    - Liste de três a cinco atividades, causas ou paixões que genuinamente o(a) energizam, que trazem a você um senso de significado profundo ou que o(a) fazem sorrir.
    - Escolha uma delas para dedicar um pequeno bloco de tempo esta semana (exemplo: tinta minutos, uma hora), como um encontro sagrado consigo mesmo.
    - Durante a atividade, foque o prazer intrínseco do processo, a alegria de estar ali, sem se preocupar excessivamente com o resultado ou com a perfeição.
    - Permita que sua **criação original** se manifeste nessas áreas, que sua alma brinque e se expresse de modo livre.
- A sinfonia da alma que respira em harmonia: Essa prática integradora diz respeito a tecer todas as **forças identitárias** que já exploramos em uma melodia harmoniosa, reconhecendo que a **inspiração viva** é a ressonância natural que resulta de viver a partir do seu centro autêntico, em alinhamento com todas as suas forças.
  - → Como fazer com consciência e gratidão:
    - Ao final do dia, reserve algum tempo para refletir: Em que momento hoje senti que minha **coragem de ser**, minha **visão autêntica**, minha **expressão verdadeira**, minha **criação original** ou minha **presença inteira** estiveram ativas e vibrantes em minha vida?
    - Houve algum momento em que senti uma conexão mais profunda com algo maior, uma sensação de **transcendência**, mesmo que sutil?

- Reconheça com amor e gratidão como esses momentos de autenticidade e conexão contribuem para uma "alma que respira" sua verdade no mundo, uma presença que simplesmente é, e que, por isso, inspira.

Escolha, com o coração, ao menos uma dessas práticas para experimentar esta semana, como um presente para sua alma. Lembre-se: o objetivo não é a perfeição inatingível, mas a exploração curiosa, a autodescoberta amorosa e o florescimento gradual. Tornar-se um especialista em viver a **inspiração viva** é uma jornada de dentro para fora, uma dança contínua de ser e se tornar.

A beleza infinita dessa jornada é que, ao abandonar a luta exaustiva para ser "mais um" no mercado superlotado da conformidade, você não se torna menos; você se torna incomparável e divinamente **mais**. Sua importância não reside em como você imita bem o sucesso alheio ou se encaixa nos moldes predefinidos, mas na coragem com que você revela e oferece ao mundo a melodia única, a canção sagrada da sua alma. E essa melodia, uma vez liberta das amarras do medo, tem o poder extraordinário de não apenas transformar a sua vida de maneiras que você nem imagina, mas de inspirar de modo silencioso todos aqueles que, como você, anseiam por descalçar a alma dos sapatos apertados da conformidade e dançar no ritmo sagrado da própria originalidade. Não há maior coragem, nem maior contribuição ao mundo, do que ser inteira, verdadeira e incomparavelmente você.

Perguntas poderosas para iluminar seu caminho

- Ao inspecionar seu "jardim interior" neste momento, com os olhos da alma, quais forças específicas – dentre as que já exploramos ou outras que você reconhece em si – você se sente chamado(a) a nutrir com mais amor e atenção? E quais imperfeições, aquelas que você talvez esconda com tanto esforço, pedem que sejam abraçadas com mais compaixão e gentileza, para que sua autenticidade possa florescer plenamente, sem medo?
- Como seria, em sua experiência diária, soltar a necessidade desgastante de "se esforçar para impactar" ou para ser inspirador e, em vez disso,

confiar que, ao ousar ser quem você de fato é, em sua verdade nua e crua, sua presença naturalmente se torna uma "brisa fresca", um farol de luz, que inspira os outros de maneira espontânea e genuína?

- Se você vivesse a partir dessa profunda confiança em seu ser autêntico, dessa certeza inabalável em sua luz interior, que caminhos de originalidade, de significado e de impacto genuíno você vislumbra se abrindo em sua vida, como rios que encontram o mar? E como isso transformaria sua maneira de se relacionar consigo mesmo, com os outros e de criar no mundo, deixando seu legado de amor e verdade?

CAPÍTULO 15

TRANSCENDÊNCIA — AS PEGADAS LUMINOSAS DA ALMA: TECENDO UM LEGADO DE SIGNIFICADO PROFUNDO

Existe um eco profundo em cada um de nós, um anseio visceral, uma sede da alma por romper os ciclos de dor que, por vezes, teimam em nos assombrar – aquelas sombras persistentes do desamor, do desamparo, da desvalorização, que, como fantasmas do passado, tantas vezes nos revisitam, obscurecendo nosso brilho mais autêntico, nossa luz mais pura. Este capítulo é um convite luminoso e sagrado para transcender essas repetições dolorosas, para despertar em sua plenitude radiante a **força identitária da transcendência** e, com ela, trilhar um caminho de vida original, único, singular e profundamente significativo.

Imagine, por um instante, a possibilidade real de transformar suas experiências mais desafiadoras, aquelas que marcaram sua alma com ferro e fogo, em degraus luminosos para um patamar de existência no qual sua vida não apenas floresce em seu jardim particular, mas também semeia um significado duradouro no vasto jardim do mundo. Trata-se de descobrir como essa força motriz divina que habita nosso ser nos impulsiona a criar um espaço de contribuição genuína, um território fértil e muitas vezes inexplorado no qual sua essência única encontra seu maior impacto, seu mais nobre propósito – na esfera pessoal e na profissional –, libertando você para navegar em águas de autenticidade, amor e serviço.

Houve um tempo, e parece que foi ontem, em que o mundo inteiro susteve o fôlego, paralisado, como se a Terra tivesse parado de girar. A pandemia de covid-19 esvaziou as ruas que antes pulsavam, trancando portas que outrora se abriam com a promessa da esperança e da conexão, isolando corpos que ansiavam por um toque, um olhar de humanidade. Mas nesse isolamento físico imposto estávamos unidos, entrelaçados pela mesma tapeçaria de medo paralisante, de incerteza lancinante, de uma vulnerabilidade que nos despia de todas as máscaras e defesas que havíamos construído ao longo da vida.

Naquele cenário de paralisia global, no qual o futuro se assemelhava a uma página em branco, inquietante e assustadoramente vazia, e o presente exigia um mergulho interior profundo e, por vezes, aterrador, algo dentro de mim – uma centelha indomável de vida, uma teimosia sagrada da alma – recusou-se a ceder ao imobilismo, ao desespero. Enquanto muitos sentiam o chamado natural e compreensível ao silêncio, à pausa necessária para o corpo e a alma se recomporem, uma chama inesperada e teimosa se acendeu em meu peito. Era uma convocação imperiosa da alma para levantar-se e servir.

Não foi uma decisão friamente calculada, nascida da lógica implacável da razão. Foi um impulso que brotava das profundezas insondáveis do meu ser, algo que não podia ser ignorado. Poderia, sim, ter escolhido o refúgio seguro do meu lar, a proteção prioritária da minha família amada, o cuidado essencial com os meus, e isso teria sido justo e compreensível. No entanto, as mensagens começaram a chegar, como sussurros urgentes e cada vez mais audíveis de um sofrimento coletivo que implorava por um farol na escuridão, por uma mão estendida na travessia. Eram profissionais que trilhavam suas jornadas ao meu lado, agora à deriva em um mar de angústia e perplexidade, com a voz embargada pela incerteza do desconhecido. Eram educadores de todos os cantos deste nosso Brasil lutando bravamente, com recursos escassos, para sustentar seus alunos através da impessoalidade das telas, enquanto eles mesmos sentiam o peso daquele momento histórico. Eram famílias que viram o chão desaparecer sob os pés – o trabalho evaporar como fumaça, a segurança ruir como um castelo de cartas, a estabilidade se esvair entre os dedos –, esperando por um gesto mínimo de amparo, uma cesta básica que representava não apenas alimento para o corpo faminto, mas a dignidade essencial de poder nutrir os seus. Crianças famintas de pão e de afeto. Adultos famintos de esperança.

Diante daquela avalanche de dor palpável e necessidade premente, uma pergunta simples, mas de grande poder transformador, emergiu do meu âmago e se tornou meu Norte naquela densa escuridão: “Quem mais se beneficia daquilo que eu vou fazer agora?”. Essa interrogação, caro leitor, querida leitora, reconfigurou a paisagem da minha alma. Deslocou o eixo do meu próprio cansaço físico e mental, do meu medo natural diante do desconhecido, da minha necessidade intrínseca de segurança pessoal. Ela me colocou, de corpo e alma, a serviço de algo infinitamente maior do que eu mesmo.

E, então, eu comecei. O despertador soava às cinco da manhã, e eu era impulsionado por uma energia que parecia não vir apenas do meu corpo físico, exaurido pelas poucas horas de sono, mas de uma fonte mais profunda, quase mística, inesgotável. *Lives* que se conectavam com milhares de corações sedentos, aulas on-line que se estendiam por horas a fio, encontros virtuais repletos de emoção genuína e lágrimas compartilhadas, mensagens de apoio que viajavam pelo éter digital, tecendo uma rede invisível, mas poderosa, de solidariedade e esperança. Todos os dias, das cinco da manhã às dez da noite. Sem um roteiro planejado, sem uma estratégia de marketing definida, sem medir um pingo de esforço ou de sacrifício. Havia apenas a entrega total, incondicional, de coração aberto. A presença genuína, de alma para alma. A vontade inabalável de ser uma ponte sobre o abismo da desesperança, um farol na tempestade da incerteza, um abraço – mesmo que virtual – para quem se sentia à deriva naquele mar de incertezas e medos.

Não era mais sobre mim. Era sobre nós. Era sobre tecer, fio a fio, com a linha dourada da compaixão e da escuta atenta, uma rede invisível de cuidado, de acolhimento, de esperança compartilhada. E o mais extraordinário, o mais mágico, o mais divino aconteceu: quanto mais eu me doava, com o coração aberto e sem esperar nada em troca, mais eu me sentia preenchido, pleno em meu ser. Quanto mais eu servia, mais minha alma se sentia nutrida, como se cada ato de doação fosse um alimento sagrado para o espírito, uma luz que me realimentava. Não havia cansaço físico que resistisse à visão de um olhar recuperando o brilho do outro lado da tela. Não havia esgotamento mental que superasse a sensação arrebatadora e humilde de ser um canal para algo que me transcendia, que me elevava para além das minhas limitações e medos.

Naqueles meses de intensidade vulcânica, de entrega total, compreendi uma das verdades mais profundas e libertadoras da minha existência: quando nos entregamos ao amor em forma de serviço, o próprio amor nos recarrega, nos sustenta, nos cura. O ato de doar, quando nasce da essência mais pura do nosso ser e não da obrigação fria e calculista da mente, não nos esvazia – ele nos preenche de um sentido profundo, de um propósito maior, que nenhuma conquista meramente pessoal pode oferecer. Eu não precisei de um período sabático para me reencontrar naquele caos. Eu precisei servir.

E a cada palavra compartilhada com amor, a cada gesto de apoio sincero, a cada conexão real estabelecida por meio da aparente frieza da tecnologia, eu sentia que voltava mais e mais para o centro de mim mesmo, para o meu eixo vital, para a minha verdade mais profunda e luminosa.

Foram centenas de encontros virtuais, milhares de mensagens trocadas, madrugadas em claro dedicadas a responder, a acolher, a sustentar. E cada um desses momentos, cada interação, por mais breve que fosse, plantou uma raiz ainda mais profunda no solo fértil do meu propósito de vida. Olhando em retrospectiva, com o coração sereno e grato, vejo que aquele ano não se resumiu apenas a sobreviver a uma crise global sem precedentes. Também foi um renascer. Um renascimento que não foi apenas meu, mas coletivo, compartilhado. Porque, toda vez que escolhemos servir à vida com o coração escancarado, somos transformados e curados por ela. Toda vez que nos entregamos a esse amor maior que nos habita, somos abraçados por uma força que cura nossas próprias feridas, inclusive aquelas que nem sabíamos que sangravam.

A experiência que vivi, de encontrar uma fonte inesgotável de energia e sentido ao me colocar a serviço durante a pandemia de covid-19, mesmo imerso no caos e no medo pessoal, é um vislumbre da sétima e culminante força identitária que agora abraçaremos juntos: a **transcendência**. Essa força representa o movimento natural da consciência que, após ter atravessado com coragem as próprias feridas, reconhecido seu valor intrínseco e inegociável, clareado sua visão de futuro com os olhos da alma, libertado sua expressão autêntica e genuína, despertado sua capacidade criativa e original, e ancorado na presença sagrada do agora, começa a ir além das fronteiras estreitas do "eu" individual, do ego limitado. **Transcendência** é a capacidade sublime de se perceber e agir como parte integrante e essencial de algo muito maior – seja a sua comunidade local, a humanidade, a natureza exuberante que nos cerca e sustenta, ou o mistério insondável e divino da própria vida. É encontrar significado e propósito não mais apenas na realização pessoal e individualista, mas na contribuição genuína, amorosa e desinteressada para o bem-estar do todo, pensando na elevação da consciência coletiva.

Esse movimento para além do ego não é uma mera aspiração filosófica ou um devaneio espiritual distante; ele ecoa em nosso ser, como um chamado da alma para sua verdadeira vocação. A ciência contemplativa, com sua crescente sabedoria, começa a mapear, com cada vez mais clareza, o que acontece internamente quando transcendemos nossa perspectiva naturalmente egocêntrica. Parece haver uma notável e serena quietude em áreas cerebrais ligadas à autodefinição e à sensação de separação do "eu", o que talvez explique a experiência subjetiva e transformadora de dissolução das fronteiras do ego, de conexão profunda e de um sentimento avassalador de pertencimento ao universo, de unidade com toda a existência. Simultaneamente, áreas cerebrais ligadas à empatia, à conexão com valores profundos e à consciência emocional (tanto a própria quanto a alheia) se iluminam intensamente, facilitando uma resposta mais compassiva, mais amorosa e menos reativa ao mundo e aos outros. O sistema interno de alarme e medo, sempre vigilante e por vezes hiperativo, se acalma, permitindo que se aja com menos defensividade, com mais abertura ao outro, com mais confiança na vida.

Pensemos na jornada luminosa, resiliente e profundamente inspiradora de Malala Yousafzai. Sua história não começa com a observação distante de uma dor alheia, mas com a vivência da opressão em sua forma mais cruel, cravada na própria pele e na própria alma. No Vale do Swat, no Paquistão, Malala viu o direito fundamental à educação ser arrancado das mãos das meninas por um regime extremista. Sua recusa em silenciar, sua voz que ecoava com coragem em um blog anônimo defendendo o direito sagrado ao estudo, era um ato de coragem pura, quase inconcebível para sua tenra idade. Essa coragem, no entanto, teve um preço terrível, quase fatal: uma bala disparada à queima-roupa, em uma tentativa brutal e covarde de calar sua voz para sempre. A dor física foi excruciante; o trauma, profundo e indelével. O que poderia ter sido o fim trágico de uma jovem e promissora defensora dos direitos humanos tornou-se o catalisador de um movimento global de esperança e transformação. Malala não apenas sobreviveu; ela renasceu das cinzas, como uma fênix. E, nesse renascimento, ela transcendeu a vítima que poderia ter se tornado. Ela olhou para além da própria dor imensa e viu o rosto de milhões de outras meninas, silenciadas, oprimidas, privadas do direito de sonhar, de aprender, de florescer. Com uma sabedoria e uma força admiráveis, que pareciam vir de uma fonte divina, cofundou o Malala

Fund,[9] transformando seu sofrimento pessoal em um estandarte de esperança e luta para o mundo inteiro. Seu "império" é de influência moral, de atitude incansável, de vidas transformadas pela educação. Laureada com o Prêmio Nobel da Paz em 2014, Malala criou um espaço único e sagrado no cenário global, sua voz temperada pela dor, mas imbuída de uma compaixão infinita, personificando a resiliência indomável e o poder transformador do conhecimento. Sua **transcendência** reside na alquimia divina de transmutar a violência brutal no ouro puro do ativismo global, dedicando sua vida à construção de um futuro no qual todas as meninas possam florescer e todas as vozes possam ser ouvidas.

O que nos impede, então, de vivermos com mais frequência a partir desse estado transcendente, desse lugar de expansão, conexão e serviço? Sobretudo a fixação excessiva no "eu" separado do todo e o medo que o acompanha como uma sombra. Nosso sistema interno, programado ancestralmente para a sobrevivência individual, tende a focar as necessidades e ameaças percebidas ao indivíduo. Traumas não resolvidos, inseguranças profundas e uma cultura que supervaloriza o individualismo em detrimento do coletivismo reforçam essa perspectiva egocentrada e limitante. A **transcendência**, portanto, não se trata de negar o eu, anular nossas necessidades ou nos tornarmos mártires, mas de integrá-lo amorosamente em algo maior, relativizando suas demandas e seus medos à luz de uma conexão mais ampla, mais profunda e mais significativa com a vida. Ao fazer isso, não estamos abandonando nossas necessidades essenciais, mas descobrindo, com surpresa e alegria, que muitas delas se satisfazem de maneira mais plena e duradoura quando nosso foco se expande para além de nós mesmos. Começamos a navegar por um vasto e luminoso campo de possibilidades, no qual nossa contribuição única floresce com graça, livre das amarras da comparação estéril e da competição desenfreada, criando um espaço de impacto que é autenticamente nosso, um território singular de valor no qual as antigas experiências de desamor, desamparo e desvalorização perdem sua força paralisante e se transformam em

9 Trata-se de uma organização sem fins lucrativos (ONG) criada por Malala Yousafzai e por seu pai, Ziauddin Yousafzai, cuja missão é garantir que todas as meninas tenham acesso e concluam doze anos de educação. (SAIRAM, E. S. Malala Fund vai investir mais US$ 50 milhões na educação de meninas. **Forbes**, 13 maio 2025. Disponível em: https://forbes.com.br/forbes-mulher/2025/05/malala-fund-vai-investir-mais-us-50-milhoes-na-educacao-de-meninas/. Acesso em: 29 maio 2025.)

sabedoria e compaixão. A jornada pelas forças identitárias culmina aqui, na descoberta libertadora de que, ao servir a algo maior que nós individualmente, encontramos a mais autêntica e radiante expressão de nós mesmos e o caminho para uma vida original, plena e transbordante de significado.

Você já experimentou momentos de generosidade espontânea que aqueceu seu coração de maneira inesperada, ou momentos de serena quietude interior, em que sentiu as fronteiras do eu se dissolverem suavemente e, ainda, uma sensação indescritível de conexão com algo maior, com o todo, emergir em seu ser? Esses vislumbres são convites preciosos do nosso ser para explorar essa dimensão mais vasta, mais sagrada e mais plena da existência.

Se a **transcendência** é uma capacidade inerente à alma, como podemos, intencionalmente e com amor, cultivá-la em nosso cotidiano, tornando-nos artífices conscientes de uma vida com mais propósito e conexão?

- A dança com o silêncio interior – dissolvendo a identificação excessiva com o ego: A meditação e os momentos de quietude sagrada são portais luminosos para observar nossos pensamentos e emoções sem nos fundirmos completamente a eles, sem sermos arrastados por sua correnteza. Isso enfraquece o domínio excessivo do ego e alarga nossa consciência para além de seus limites.
  - → Como fazer com alma e coração: Reserve momentos diários para o silêncio, mesmo que breves. Inicie com a atenção amorosa à sua respiração. Sinta o ar que você respira como o mesmo ar que todos os seres respiram, um elo invisível e vital que nos une. Perceba os pensamentos de "eu", "meu", "comigo" como nuvens passageiras no vasto céu da sua consciência, não como sua identidade final e imutável.
- O coração que se expande em serviço – cultivando a empatia ativa e a compaixão universal: Direcionar nossa energia preciosa ao bem-estar alheio, com generosidade e sem expectativas de retorno, é um antídoto divino ao egocentrismo que nos aprisiona, ativando no cérebro e na alma os circuitos sagrados de cuidado, conexão e amor altruísta.
  - → Como fazer com gestos de amor: Envie, em pensamento ou em oração, desejos sinceros de bem, de felicidade e de paz para si mesmo e para os outros, inclusive aqueles que o desafiam.

Pratique pequenos atos de gentileza anônima no seu dia a dia, aqueles que ninguém vê, mas que aquecem o coração. O voluntariado ou o engajamento em causas que ressoam com seus valores mais profundos são expressões concretas dessa expansão do coração que nos conecta ao todo.

- A bússola da alma – conectando-se a seu legado de significado e propósito: Viver com propósito é alinhar nossas ações cotidianas aos nossos valores mais profundos e a um senso de contribuição que nos ultrapassa, que deixa um rastro de luz no mundo. Encontrar sentido na dor, como nos lembra o sábio neuropsiquiatra austríaco Viktor Frankl, é um ato transcendente e curador.
    - ➔ Como fazer com clareza e intenção: Quais são seus valores essenciais, aqueles inegociáveis para sua alma? Como suas escolhas diárias, por menores que pareçam, os refletem e honram? Qual sua contribuição única e singular para o mundo, aquilo que só você pode oferecer? Em momentos de desafio e dificuldade, tenha coragem e pergunte-se: “Qual o aprendizado sagrado aqui? Como posso crescer com essa experiência ou servir a algo maior por meio dela?”.
- O olhar que alarga a alma – nutrindo-se em experiências de profunda conexão e maravilhamento (*awe*): Expor-se ao maravilhamento – seja na contemplação da grandiosidade da natureza, na beleza sublime da arte, na profundidade instigante da ciência – diminui o foco excessivo no eu pequeno e limitado e amplia a sensação de pertencimento a algo vasto, extraordinário e sagrado, relativizando nossos problemas e nossas preocupações cotidianas.
    - ➔ Como fazer com alma de criança: Busque em seu dia a dia aquilo que verdadeiramente o(a) maravilha, que o(a) deixa sem fôlego, que o(a) conecta com o mistério da vida. Um céu estrelado em uma noite escura, a imensidão do oceano, uma música que arrepia sua alma e o(a) eleva, uma obra de arte que o(a) toca profundamente. Permita-se sentir-se pequeno(a) diante da vastidão do universo e, ao mesmo tempo, profundamente conectado(a) e parte de algo imenso, extraordinário e divino.

Cultivar a **transcendência** não é buscar uma santidade inatingível ou negar as necessidades pessoais e humanas que todos temos. É, sim, encontrar um equilíbrio sagrado e dinâmico, integrando o autocuidado amoroso com a consciência expandida e o serviço generoso ao todo. Como a ideia de um legado invisível, tecido não em monumentos de pedra fria que o tempo corrói, mas na qualidade da sua presença amorosa, na compaixão genuína das suas ações e na autenticidade luminosa da sua jornada, ressoa com o seu mais profundo e sagrado senso de propósito neste momento da sua vida? Ao vivermos cada vez mais a partir desse lugar de integração, conexão e serviço, naturalmente deixamos no mundo "pegadas da alma" – um rastro de luz, de sentido e de transformação silenciosa e poderosa. Confiar que viver nossa verdade mais profunda, com o coração aberto e a disposição sincera para servir, é a maior e mais bela contribuição que podemos oferecer à vida.

Perguntas poderosas para iluminar seu caminho

- Ao contemplar sua jornada pelas **sete forças identitárias**, com a sabedoria que acumulou até aqui, de que maneira você percebe a integração – ou talvez a falta dela – entre a autenticidade do seu ser mais profundo, a natureza do seu fazer no mundo (sua profissão, seus projetos) e a generosidade do seu doar (sua contribuição para algo maior) se manifestando em sua vida cotidiana?
- Confiando na premissa sagrada de que sua simples presença no mundo, quando genuína, inteira e plena de amor, já tece um "legado invisível" de impacto e transformação, qual é a essência singular desse legado que você sente, em seu coração, que está construindo dia após dia? E como essa consciência luminosa molda suas escolhas, suas prioridades e o modo como você se relaciona com a vida?
- Qual gesto de **transcendência** específico – seja ele um pequeno ato de serviço não esperado que brota do seu coração, seja uma expressão de compaixão profunda por alguém que está sofrendo, seja um momento de intencional e sagrada conexão com o todo, com a teia da vida – seu coração, em sua infinita sabedoria, o(a) chama para realizar **hoje** como uma manifestação viva da sua plenitude, da sua gratidão e do seu impacto amoroso no mundo?

CAPÍTULO 16

O NASCIMENTO DA SUA TRILHA PRÓPRIA: O SALTO NO VAZIO E A SEMENTE DA NOVA VIDA QUE ESPERA EM VOCÊ

Há momentos em nossa jornada nos quais a alma nos chama para um rompimento. Não por falta de amor pelo que foi, mas por uma necessidade profunda de sermos fiéis ao que anseia por nascer dentro de nós. Como partilhei de minha própria história, permanecer em uma estrutura, uma parceria ou um caminho que um dia nos acolheu, mas que agora nos impede de crescer, torna-se mais doloroso do que o medo natural de encarar o desconhecido. Dizer aquele "sim" para mim mesmo, para a voz interior que pedia um novo horizonte, foi um ato de libertação. Mas e o que vem depois do rompimento? O que acontece quando damos esse salto para fora da segurança conhecida, mesmo que ela já não nos servisse, e nos encontramos suspensos no vasto e incerto céu da liberdade recém-conquistada?

Os dias que se seguiram àquela difícil, mas necessária, despedida foram um turbilhão de luto e vertigem. O luto pelo que se encerrava, pela história vivida, pelos laços que precisavam de uma nova forma. A vertigem diante do futuro que se abria como uma página em branco, sem um mapa claro, com a imensa responsabilidade de criar, a partir do zero, uma nova trilha. A segurança do que era familiar havia se esvaído. O conforto da estrutura conhecida não estava mais lá. O sentimento de pertencer a um grupo já não me ancorava. Restávamos eu, minha verdade que acabara de reivindicar e um imenso espaço vazio à minha frente.

O medo, aquele velho conhecido de todos nós, bateu à minha porta com força. Ele não vinha mais disfarçado de lealdade ou responsabilidade, como antes da decisão. Agora, ele se apresentava como dúvida paralisante, como uma voz que anunciava o fracasso. "E se você estiver errado?", sussurrava. "E se não houver nada de valor neste vazio?". "E se você não for capaz de construir algo novo e significativo por conta própria?". "E se essa ideia de liberdade for apenas uma ilusão que cria um nome mais bonito para o desamparo?". A mente, treinada por anos a buscar segurança no que é externo e previsível, entrava em pânico diante da ausência dessas certezas. Meus alarmes internos disparavam, e meu corpo reagia, tentando me preparar para uma luta ou fuga contra meus próprios fantasmas.

Essa experiência de estar suspenso entre o que já não nos serve mais e o que ainda não tomou forma é um dos maiores desafios na jornada para viver nossa originalidade. É o momento em que somos verdadeiramente testados em nossa capacidade de sustentar nossa **visão autêntica**, mesmo sem aplausos ou validação externa, e de ativar nossa **criação original**, mesmo sem um manual de instruções à mão. É mais simples ter uma visão clara quando o caminho já está traçado; é mais fácil criar quando seguimos uma receita conhecida. Mas e quando tudo o que temos é a bússola do nosso coração e um terreno baldio à nossa frente? Talvez você já tenha vivido um momento de rompimento ou recomeço no qual o medo do desconhecido e a sensação de não ter garantias pareceram quase insuportáveis.

A tentação de retornar ao conhecido, mesmo que esse conhecido nos limite, é imensa nesses momentos. A mente busca por algo familiar, por segurança, por um porto ao qual possa se agarrar. Nosso cérebro prefere as "estradas já pavimentadas" do hábito. Sair delas para desbravar uma trilha nova e desconhecida consome energia, exige atenção plena a cada passo e nos expõe ao desconforto da incerteza – algo que nosso sistema de sobrevivência mais profundo tenta evitar a qualquer custo. É por isso que tantos sonhos de mudança, tantas aspirações da alma, acabam por não se realizar: a força da inércia e o medo do vazio são mesmo poderosos.

No meu caso, o que me sustentou naquele período de intensa vertigem não foi uma certeza que vinha de fora, foi aquela paz silenciosa que senti em meu ser após o rompimento. Não era uma paz que vinha da ausência de problemas, mas da sensação visceral de estar alinhado com minha alma. Essa paz tornou-se minha âncora. Era a prova interna, sentida na pele, de que, apesar do medo e da incerteza, a decisão havia sido correta, um ato de amor e fidelidade à minha essência. Era o sinal de que, por mais assustador que o vazio à frente fosse, ele era um vazio fértil, um espaço sagrado necessário para que a nova vida, a minha nova maneira de ser e contribuir, pudesse germinar. A **coragem de ser** foi fundamental para não ceder ao medo e para confiar nessa bússola da paz interna.

Percebi com muita clareza que a verdadeira criação não começa com um plano detalhado ou uma ideia genial, mas com a capacidade de habitar, com presença e coragem, o espaço vazio que se abre após um rompimento necessário. É nesse espaço, livre do entulho do passado que nos aprisionava e das pressões externas para repetir o que já não nos serve, que a **visão autêntica** pode começar a se clarear, como um céu depois da tempestade, e a **criação original** pode encontrar solo fértil para brotar, para fincar suas primeiras raízes. No entanto, isso exige que resistamos à tentação ansiosa de preencher esse vazio rapidamente com qualquer coisa, com a primeira oportunidade que surgir, apenas para aliviar a angústia natural da incerteza.

A VIRADA DE CHAVE: CONSTRUINDO A NOVA TRILHA COM A GUIA DA ALMA

Habitar aquele espaço de aparente incerteza após o rompimento não foi fácil, mas foi essencial para meu florescimento. Foi ali, no silêncio das minhas próprias dúvidas e na ausência de um caminho definido pelo mundo externo, que a "virada de chave" da alma começou a acontecer, como se algo se realinhasse dentro de mim. A paz interna que senti ao dizer "sim" para mim mesmo tornou-se meu guia mais confiável. Em vez de buscar desesperadamente por respostas ou validação fora, comecei a cultivar com amor e paciência a escuta interna, a prestar atenção aos sinais sutis da alma, àquela voz mansa e serena que, lá no fundo, sabia para onde ir, mesmo que minha mente racional ainda estivesse assustada e cheia de questionamentos. Foi um exercício diário de confiar no invisível, de regar a semente da minha **visão autêntica** mesmo sem ver a planta crescer de imediato, com a fé de quem sabe que a vida sempre encontra um caminho.

Aos poucos, com a alma se abrindo como uma flor que recebe o sol da manhã, comecei a perceber que a **criação original** não exigia, de imediato, um plano mirabolante ou uma ideia revolucionária que mudasse o mundo. Ela pedia, antes de tudo, a coragem de dar o primeiro passo na direção daquilo que eu sentia ser verdadeiro, ainda que esse passo fosse pequeno, experimental, e talvez imperfeito aos olhos do mundo. Comecei a experimentar novas maneiras de trabalho, a explorar temas que de fato me apaixonavam e faziam meus olhos brilhar, a me conectar com pessoas que vibravam na mesma frequência da minha busca por autenticidade e propósito. Cada pequeno experimento, cada conversa significativa que nutria minha alma, cada projeto iniciado com o coração (mesmo aqueles que não deram o resultado que eu imaginei inicialmente) era uma maneira de me apropriar das minhas forças identitárias, um treino para minha alma. Eu estava aprendendo, na prática, a viver a **coragem de ser**, a materializar a **visão autêntica**, a exercitar a **criação original** no meu dia a dia.

Essa fase foi como aprender a andar de novo depois de muito tempo usando muletas, que, embora familiares, não eram verdadeiramente minhas. Os músculos da alma, por vezes enfraquecidos pela longa adaptação a estruturas que já não nos serviam, precisavam ser fortalecidos com carinho e persistência. A confiança na minha capacidade de criar meu próprio caminho precisava ser reconstruída, não com base em sucessos externos ou aplausos, mas na experiência interna, visceral, de agir alinhado à minha verdade. Percebi que criar a própria vida se trata menos de ter um mapa detalhado e mais de aprender a ler o terreno da alma, a sentir a direção do vento da intuição, a confiar na sabedoria que reside em nosso coração. É um processo de aprendizado constante, uma dança com a vida, em que os "erros" não são fracassos, mas ajustes de rota, aprendizados que nos lapidam. Em seus próprios momentos de recomeço ou de criação a partir do zero, como você lidou com a incerteza para permitir que sua **visão autêntica** ou seu impulso criativo original emergisse, mesmo sem garantias visíveis?

A neurociência nos mostra que esse processo de agir apesar da incerteza, escolhendo conscientemente a partir da visão interna do coração, é o que cria novas trilhas neurais no cérebro. A neuroplasticidade pela ação significa que cada escolha e cada comportamento alinhados com a nova visão fortalecem os circuitos cerebrais correspondentes, tornando esse novo modo de ser cada vez mais natural. O cérebro aprende, pela experiência vivida e sentida, que é seguro confiar na intuição, que é possível criar fora dos padrões conhecidos, que a recompensa de viver de modo autêntico é infinitamente mais nutritiva do que a segurança ilusória da repetição. Nosso sistema de recompensa, antes talvez buscando validação externa, começa a se recalibrar, encontrando alegria e satisfação na coerência interna, no prazer de ser quem se é e de criar a partir desse lugar.

Com o tempo, e com essa dedicação amorosa ao processo, a trilha inédita começou a tomar forma. O que antes era apenas um espaço vazio e incerto começou a ser preenchido por projetos que faziam meu coração vibrar, por relações que nutriam minha alma e por um modo de viver que carregava a minha assinatura, a minha verdade. A paz inicial, que era uma sensação interna, começou a se manifestar externamente, em mais sentido no trabalho e na vida. Entendi, com cada fibra do meu ser, que a **criação original** mais importante não era um produto ou serviço específico, mas a própria vida que eu estava ousando construir – uma vida na qual eu pudesse habitar por inteiro, com alma e coração. O rompimento doloroso havia sido, de fato, o nascimento de uma nova vida, mais alinhada, mais autêntica, mais minha. E a lição fundamental, o ouro dessa travessia, foi esta: a verdadeira segurança não está nas estruturas externas, que podem mudar, mas na capacidade interna de confiar na própria visão e de ter a coragem de criar a trilha enquanto se caminha, um passo de cada vez, confiando na semente da alma, mesmo antes de ver a árvore florescer em sua plenitude.

Perguntas poderosas para iluminar seu caminho

- Diante dos "espaços vazios e incertos" que naturalmente se apresentam após o fim de um ciclo importante em sua vida, quais são as práticas ou os refúgios internos que lhe trazem mais paz e autenticidade, aos quais você pode recorrer para se ancorar em sua verdade interna, encontrando, assim, a clareza e a força necessárias para navegar essa transição com graça e confiança?
- Se você se permitisse sonhar sem limitações, com a liberdade de uma criança e a sabedoria da alma, qual seria a essência mais pura e vibrante da sua trilha própria que sua **visão autêntica** anseia por construir? O que a tornaria uma expressão singular, única e intransferível da sua capacidade de **criação original**?
- Qual é o primeiro passo, por menor e mais experimental que pareça aos olhos da sua mente crítica, que você se sente inspirado(a) e corajoso(a) o suficiente para dar **hoje**, confiando plenamente na sua intuição, na sua capacidade criativa e na força da sua alma, para começar a pavimentar essa nova e luminosa trilha em sua vida?

CAPÍTULO 17

LADY GAGA: A EXPRESSÃO VERDADEIRA QUE NASCE DA CURA INTERIOR E ILUMINA O MUNDO

Antes que o mundo a conhecesse pelas performances explosivas que incendiavam palcos e almas, pelos figurinos que desafiavam a gravidade e a lógica, antes que seu nome se tornasse sinônimo de reinvenção audaciosa e coragem indomável, existia Stefani Germanotta. Uma menina, uma alma, ítalo-americana de Nova York, crescendo em um ambiente no qual sua sensibilidade exacerbada e sua intensidade criativa vulcânica não encontravam espelhos fáceis, acolhedores. Havia nela uma chama diferente, uma alma que sentia o mundo em cores vibrantes e melodias inaudíveis para muitos, mas essa mesma singularidade preciosa a colocava, desde cedo, em rota de colisão com as expectativas cinzentas da "normalidade". Lady Gaga não emergiu pronta de um laboratório pop; ela foi forjada na bigorna da dor silenciosa de não saber onde cabia, no desconforto agudo de ser "demais" em um mundo que, com frequência e por medo, prefere o "menos", o contido, o previsível.

A infância e a adolescência, que deveriam ser terreno fértil para o desabrochar da alma, tornaram-se campos de batalha contra a rejeição e a incompreensão para Stefani. Na escola, era a "estranha", o alvo fácil de bullying, de risadas cruéis que buscavam diminuir sua paixão e apagar seu brilho. Colegas, na inconsciência da juventude ferida, criaram páginas on-line para zombar dela, profetizar seu fracasso, invalidar sua existência. A dor da exclusão e da humilhação por ser diferente, por sentir diferente, por sonhar diferente, cravou fundo em seu ser. Você talvez conheça bem essa dor, a dor de sentir que sua verdade mais autêntica, aquela que pulsa em seu coração, é motivo de zombaria, a dor de acreditar, mesmo que por um instante fugaz, que você é inadequado(a) demais para pertencer, para ser amado(a) como é.

Mas é nesse solo árido e pedregoso da rejeição, que a semente divina da **coragem de ser** encontra sua mais potente e insuspeita força para germinar.

Não a coragem ostensiva, barulhenta, que busca o confronto, mas aquela coragem silenciosa, profunda, que sussurra no âmago da alma: "Se não posso ser amada pelo que finjo ser para agradar, talvez a única saída, a única redenção, seja me amar radicalmente por quem eu verdadeiramente sou". Essa coragem não é ensinada em livros ou escolas; ela é forjada no calor da adversidade, no fogo da provação, quando a alma decide não se render.

Stefani poderia ter cedido, apagado suas cores vibrantes, silenciado sua música interior para se encaixar. No entanto, ela escolheu a si mesma, escolheu sua alma. Nos bastidores de seu ser, em um processo alquímico de profunda dor e imensa beleza, ela começou a transformar dor em combustível para sua arte. O silêncio que lhe foi imposto pelo mundo virou música que ecoaria por todo o planeta; a rejeição que sofreu transformou-se em presença cênica magnética e inesquecível; a exclusão que a feriu tornou-se um chamado irrecusável para construir um universo na qual ela – e todos os "diferentes", os "desajustados", os "incompreendidos" – pudessem finalmente pertencer, pudessem ser celebrados em sua singularidade. Essa escolha visceral, quase animal, de não se abandonar, de não trair a própria essência, é a manifestação primordial e mais sagrada da **coragem de ser**.

No entanto, antes de poder mostrar essa força ao mundo, ela precisou atravessar, com passos trêmulos mas determinados, o pântano da vergonha, o deserto do medo, o confronto com a própria vulnerabilidade. Precisou fazer a si mesma a pergunta que ecoa na alma de tantos de nós: "Se eu me apresentar ao mundo sem máscaras, sem artifícios, despida de tudo o que não sou eu, o que em mim ainda terá valor?". Essa pergunta nos coloca frente a frente com nossa essência mais nua, com nosso núcleo mais sagrado. Nosso sistema interno, treinado ancestralmente para buscar segurança e evitar a dor, dispara todos os alarmes quando nos sentimos expostos ou excluídos: "Cuidado! Perigo iminente!". A resposta automática, para muitos, infelizmente, é recuar, esconder-se, conformar-se. Entretanto Stefani, que já era Lady Gaga em sua alma, ouviu o alarme não como um sinal para recuar e se apagar, mas como um chamado estrondoso para emergir com ainda mais verdade, com ainda mais força, com ainda mais luz.

O que se seguiu foi uma transmutação alquímica, uma verdadeira magia do ser. Ela não ignorou a dor, não a varreu para debaixo do tapete da consciência; dançou com ela, escreveu sobre ela, transformou a ferida em arte viva, pulsante, que sangrava e curava ao mesmo tempo. Cada performance ousada, cada letra confessional, cada lágrima derramada no palco não era mero exibicionismo ou busca por atenção; era uma declaração de inteireza, um grito de liberdade da alma, era como se ela dissesse: "Eu estou aqui. Sou isso tudo – luz e sombra, força e fragilidade. E não vou mais me desculpar por ser quem eu sou".

Essa decisão consciente de viver e expressar sua verdade mais profunda começou a reconfigurar sua energia interna, a recalibrar sua bússola existencial. A força imensa que antes era gasta na repressão de si mesma, na tentativa de se encaixar, foi canalizada para a **criação original**, para a manifestação de seu universo único. A alegria intrínseca, aquela que brota de dentro, começou a fluir da autoexpressão autêntica, e não mais da busca desesperada por validação externa. O corpo, antes em constante modo de defesa, tenso e contraído, começou a operar em modo de criação, expansivo e livre. Ser quem se é, ela nos mostra com sua vida, é o início de toda cura profunda, de toda verdadeira libertação.

A determinação de Stefani foi testada ao extremo no início de sua carreira. Enfrentou executivos de gravadoras que, com seus olhares frios e calculistas, diziam que ela não era bonita o suficiente para os padrões da indústria, que era "estranha demais", que nunca faria sucesso. Conseguiu um contrato importante apenas para ser dispensada meses depois, uma rejeição brutal que poderia ter aniquilado seus sonhos. Era a prova cabal de que tentar se encaixar no molde fabricado pelo mercado não era o seu caminho. Essa queda, porém, longe de destruí-la, forjou ainda mais sua determinação e a impulsionou de volta, com uma força renovada, para sua **visão autêntica**. Ela sabia, com uma certeza que vinha do âmago de sua alma, que não podia – e, mais importante, não queria – ser outra pessoa.

Foi nesse caldeirão de emoções, nesse fogo da alma em que dor e paixão se encontravam, que nasceu Lady Gaga. Não como uma máscara para esconder Stefani, mas como uma amplificação sagrada de sua essência, de sua verdade. Ela abraçou sua "estranheza" como um dom, sua intensidade como uma força. Fundiu música, moda, performance e ativismo de maneira transgressora, criando um universo estético e conceitual que era unicamente seu. Era a **expressão verdadeira** em sua forma mais pura, mais corajosa, mais impactante. Era como pegar os cacos do espelho quebrado pela rejeição e montá-los de maneira nova, surpreendente, única – um mosaico deslumbrante que refletia a beleza multifacetada e, por vezes, contraditória da complexidade humana.

Sua música tornou-se seu manifesto, sua bandeira. Cantava para lembrar a si mesma, e a todos os excluídos, os *little monsters* (monstrinhos) como ela carinhosamente os chama, que era possível, sim, transformar dor em identidade, ferida em presença luminosa, rejeição em autoaceitação radical. Gaga representava, e ainda representa, uma travessia – a jornada da alma que descobre que seu momento mais sombrio, sua dor mais profunda, pode ser o portal sagrado para sua maior e mais autêntica expressão no mundo.

Quando, em 2008, seu álbum "The Fame" explodiu em sucesso global, não foi sorte.[10] Foi a colheita abundante de anos de determinação inabalável, de fidelidade canina à sua **visão autêntica**, de cultivo diário da **coragem de ser** e da **expressão verdadeira**. O mundo, que antes a rejeitava por sua diferença, agora a aclamava justamente por ela ser quem é. Ela rompeu, com sua arte e sua atitude, o acordo tácito de esconder a dor, de varrer as feridas para debaixo do tapete. Mostrou, com a própria vida, que vulnerabilidade podia ser força, que autenticidade e ser diferente eram, na verdade, ser extraordinário.

A TRAVESSIA DA DOR, O PODER DA CURA E A ALMA QUE INSPIRA E TRANSFORMA

A conquista do estrelato, porém, como em tantas jornadas humanas, não significou o fim da travessia interior para Lady Gaga. A fama, com seu brilho ofuscante, trouxe novos e complexos desafios: a pressão constante por inovação, a exposição implacável da vida pessoal, a perda da privacidade e do anonimato cobraram um preço altíssimo. A mesma sensibilidade aguçada

10 GAGA, Lady. **The Fame**. Intérprete: Lady Gaga. Spotify, 2008. Álbum musical. Disponível em: https://open.spotify.com/intl-pt/album/1jpUMnKpRlng1OJN7LJauV. Acesso em: 15 jul. 2025.

que alimentava sua arte e a conectava tão profundamente com seu público também a tornava vulnerável às sombras da vida sob os holofotes, aos demônios internos que a assombravam.

Lady Gaga começou a lutar publicamente – com uma honestidade desarmante e uma coragem que poucas figuras públicas ousam ter – contra esses demônios. Revelou suas batalhas árduas contra a depressão profunda e a ansiedade paralisante, sentimentos de vazio existencial que persistiam mesmo no auge do sucesso e do reconhecimento mundial. Admitiu, com humildade e verdade, ter usado substâncias como uma tentativa desesperada de anestesiar a dor intensificada pela fama e por traumas passados avassaladores, incluindo o abuso sexual que sofreu aos 19 anos. A intensidade de sua luta interna era palpável, quase visível em seus olhos e em sua arte. Somou-se a isso a fibromialgia, uma condição de dor crônica e debilitante que a forçava a lidar com limitações físicas constantes, testando sua resiliência a cada dia.[11]

Aqui, novamente, a determinação indomável de Gaga e sua **coragem de ser** se manifestaram de maneira singular, comovente e profundamente inspiradora. Em vez de esconder suas lutas, suas fragilidades, suas dores, ela escolheu, mais uma vez, a **expressão verdadeira** como ferramenta de cura pessoal e de conexão humana. O documentário *Gaga: Five Foot Two*[12] é um testemunho visceral e corajoso dessa escolha: vemos Gaga em momentos de dor física aguda, de exaustão emocional profunda, na luta diária e incansável para equilibrar as demandas de uma carreira estratosférica com as necessidades mais íntimas de sua alma. Ao se mostrar assim, despida de artifícios, humana em sua dor, vulnerável em sua força, ela não apenas humanizou o ídolo pop inatingível que muitos viam, mas ativou a força contagiante da **inspiração viva** em milhões de corações. Sua vulnerabilidade autêntica ressoou de modo poderoso, criou um espelho em que outros, que também sofriam em silêncio, podiam se reconhecer e encontrar esperança,

11 Essas informações podem ser conferidas no episódio de estreia de *The Me You Can't See* (*O eu que você não pode ver*, em tradução livre), uma nova série documental da Apple TV+, criada pelo príncipe Harry e por Oprah Winfrey, que visa combater o estigma em torno da saúde mental.

12 GAGA: Five Foot Two. Direção: Chris Moukarbel. Produção: Heather Parry. Local: Estados Unidos, Ano de lançamento: 2017. Streaming (1h 40min). Disponível em: Netflix. Acesso em: 12 jul. 2025.

consolo e a permissão para serem humanos. Ela mostrou, com a própria pele, que a verdadeira força reside na coragem de atravessar a dor e de compartilhar essa travessia com o mundo, transformando a ferida em farol.

Essa jornada de transformar dor pessoal em propósito coletivo encontrou expressão concreta e poderosa na criação da Born This Way Foundation em 2012. Nascida de sua própria experiência dolorosa com o bullying e a exclusão, a fundação apoia o bem-estar mental de jovens em todo o mundo, promovendo conversas honestas sobre saúde mental e buscando erradicar o estigma que ainda cerca esses temas. Aqui, vemos a **transcendência** e o propósito vivo em ação luminosa: a dor individual, transmutada pela alquimia do amor e da consciência, em serviço compassivo ao mundo. Gaga não apenas canta sobre ser *Born This Way* [Nascido Assim]; ela trabalha ativamente para criar um mundo no qual todos possam ser quem nasceram para ser, com segurança, amor e aceitação.

Sua carreira artística continuou a refletir essa integração profunda de suas forças internas. A atuação visceral e premiada em *Nasce uma estrela*[13] foi uma demonstração avassaladora de **presença inteira**, em que a linha tênue entre a personagem e a pessoa se dissolveu na expressão autêntica da dor, da paixão e da arte. Álbuns posteriores continuam explorando, com coragem e honestidade, temas como dor, cura, resiliência e autenticidade, mostrando uma **criação original** que não teme mergulhar nas sombras mais profundas para encontrar a luz da transformação. Ela descreveu um processo criativo recente como o ato de montar um "espelho quebrado", abraçando o caos aparente da reinvenção para encontrar uma nova forma, uma nova beleza, uma nova verdade.

A trajetória de Lady Gaga é um testemunho vibrante e comovente da jornada da originalidade, da força da alma humana. Começou com a dor da rejeição e da incompreensão, foi forjada na determinação inabalável de ser fiel a si mesma (**coragem de ser**, **visão autêntica**), explodiu em **expressão verdadeira** e **criação original** que impactaram o mundo, atravessou as sombras da dor e da doença com **presença inteira** e vulnerabilidade

13 NASCE uma estrela. Direção: Bradley Cooper. Produção: Bill Gerber, Bradley Cooper, Todd Phillips, Lynette Howell Taylor. Estados Unidos: Warner Bros. Pictures, 2018. 136 min. DVD.

desarmante, e culminou em **inspiração viva**, propósito vivo e **transcendência** através do serviço generoso e da arte que cura e eleva. Sua história nos deixa uma mensagem retumbante de esperança, um farol em nossas próprias noites escuras: não importa a profundidade das feridas que carregamos em nossa alma, sempre há a possibilidade sagrada da cura, de transformar nossas cicatrizes em constelações de luz que guiam a nós mesmos e aos outros. A originalidade, ela nos ensina, não é a ausência de dor, mas a coragem de dançar com ela, de transmutá-la em força, em beleza, em conexão profunda. Lady Gaga nos lembra, com sua vida e sua arte, que abraçar nossa inteireza – luz e sombra, dor e alegria – é o caminho para a verdadeira liberdade e para o impacto mais significativo e autêntico que podemos ter neste mundo.

Perguntas poderosas para iluminar seu caminho

- Inspirado(a) pela capacidade luminosa de Lady Gaga, qual "cicatriz" específica da sua história – aquela que talvez você ainda resguarde –, você se sente pronto(a) para revisitar hoje, não como um símbolo de fraqueza, mas como um "portal sagrado" capaz de despertar uma força interior ou verdade essencial ainda adormecida em seu ser?
- Ao se permitir abraçar a totalidade dessa cicatriz escolhida com compaixão e coragem – integrando tanto a sombra da dor original quanto a luz da resiliência ou sabedoria que dela emergiu –, que nova e mais potente compreensão sobre sua identidade genuína floresce em seu coração, e como isso pode catalisar uma expressão mais autêntica e impactante de quem você é no mundo?
- Qual força identitária singular (como a **coragem de ser**, a **expressão verdadeira**, o propósito vivo, ou outra que vibre intensamente em você) você sente que pulsa para ser plenamente despertada ao integrar essa parte da sua história, e qual primeiro passo significativo, mesmo que simbólico, você se compromete a dar **hoje** para honrar esse despertar e começar a reescrever sua narrativa com as cores vibrantes da sua alma?

CAPÍTULO 18

MANIFESTAÇÃO VAZIA VERSUS MANIFESTAÇÃO INTEIRA: A ALMA EM AÇÃO NO MUNDO

Aquela sensação de "solidão no palco", mesmo quando os aplausos ecoam lá fora e o sucesso parece evidente, é um sinal profundo da alma. Ela nos aponta para uma verdade essencial em nossa jornada de originalidade: a diferença crucial entre uma ação que verdadeiramente nos preenche e uma que, apesar de todo o esforço e reconhecimento, nos deixa um eco no peito. Existe a manifestação vazia e existe a manifestação inteira. Ambas podem gerar resultados visíveis no mundo – projetos concluídos com louvor, metas atingidas com destaque, reconhecimento social que afaga o ego. No entanto, a fonte e a qualidade da energia que as impulsiona são muito diferentes, com consequências profundas para nosso bem-estar mais íntimo, para nossa saúde neurobiológica e, fundamentalmente, para nossa sensação de propósito e significado na vida.

A **manifestação**, em sua essência mais pura, é o processo sagrado de trazer nossa verdade interna, aquela que é nutrida e fortalecida pelas nossas **forças identitárias**, para a realidade externa por meio de nossas ações, de nossas criações e de nossos relacionamentos. E como fazemos isso, com que intenção e a partir de qual lugar interno importam tanto, ou talvez até mais, quanto o que fazemos.

A manifestação vazia em geral nasce do nosso ego ferido, das necessidades não resolvidas que carregamos desde cedo, das dores que ainda ecoam em nosso ser. É a ação impulsionada pela busca incessante por validação externa, pelo medo paralisante da rejeição, pela necessidade constante de provar nosso valor aos outros, pela tentativa, muitas vezes inconsciente e desesperada, de preencher um vazio interno com conquistas externas, como se fossem peças de um quebra-cabeça que nunca se encaixa perfeitamente. Podemos construir impérios materiais, acumular títulos e honrarias, receber aplausos incessantes e admiração do mundo, mas se a motivação primária para tudo isso for tapar os buracos da alma ou atender às expectativas alheias, a sensação de "eco vazio", de uma alegria que não perdura, de uma solidão inexplicável, tende a persistir, como uma sombra que nos acompanha.

Por que isso acontece? A ciência que estuda a alma e o cérebro começa a nos dar pistas preciosas. Quando agimos a partir da incongruência – ou seja, quando nossas ações externas não estão alinhadas com nossos valores e sentimentos autênticos –, nosso ser mais profundo permanece em um estado sutil de alerta. Mesmo que estejamos "performando" o sucesso aos olhos do mundo, uma parte de nós, aquela que conhece nossa verdade, sabe que há uma máscara, que há um desalinhamento. E essa tensão interna pode manter nosso sistema de estresse ativado, como um alarme silencioso que nunca desliga, liberando continuamente substâncias que nos preparam para lutar ou fugir, mesmo quando o perigo não é visível. É um desgaste silencioso, mas constante, para todo o nosso ser.

Mais importante ainda, aquela centelha de alegria e motivação genuína, que brota quando nos sentimos plenos e realizados, pode não se acender verdadeiramente. Podemos até sentir um alívio rápido ao atingir uma meta ou receber um elogio – uma pequena faísca de prazer que vem da validação externa –, mas falta aquela sensação duradoura de significado, de contentamento real que só a ação alinhada com nossa alma pode nos dar. Podemos nos sentir exaustos, mesmo após uma grande conquista; ansiosos, mesmo quando tudo parece "bem"; ou como "impostores", temendo sermos desmascarados a qualquer momento, mesmo no auge do sucesso aparente. É a neurobiologia da alma desconectada de sua verdade.

Em contraste luminoso, a manifestação inteira nasce da integração harmoniosa das **forças identitárias** que temos cultivado com tanto amor em nossa jornada. É a ação que brota da **coragem de ser** quem somos guiada pela clareza da nossa **visão autêntica**, comunicada ao mundo pela nossa **expressão verdadeira**, materializada no mundo pela nossa **criação original**, realizada com a **presença inteira** de corpo e alma, conectada à **inspiração viva** que flui através de nós e, muitas vezes, servindo a um propósito maior, que nos transcende (**transcendência**).

Quando agimos a partir desse lugar sagrado de congruência, nosso sistema nervoso, nosso ser inteiro, opera de maneira diferente. O cérebro reconhece o alinhamento sublime entre nossa intenção mais profunda, nossa emoção mais genuína e nossa ação no mundo. Isso promove um estado de harmonia interna, como uma orquestra na qual todos os instrumentos tocam a mesma melodia divina. Nosso corpo encontra um ritmo mais equilibrado, nosso coração pulsa com mais serenidade e há uma paz maior entre nossa mente que planeja e nosso coração que sente. É uma sensação de inteireza, de estar em casa consigo mesmo. A verdadeira recompensa, aquela que nutre a alma, é ativada de dentro para fora. A motivação, o prazer sereno, a satisfação tranquila fluem não apenas pela conquista externa, mas pela alegria profunda de agir em alinhamento com quem somos, de manifestar nossa essência no mundo. Sentimos vitalidade, engajamento, um sentido que nos preenche – mesmo que a ação seja desafiadora ou o resultado, incerto.

Você consegue se lembrar de momentos ou projetos em sua vida em que sentiu essa diferença vibrante? Ou outros em que a ação, mesmo que difícil e exigente, parecia fluir de um lugar autêntico dentro de você e, em vez de drená-lo(a), (a)o energizava e preenchia? Em contraste com outras situações nas quais o esforço parecia sugar sua alma, apesar de um possível sucesso externo? A manifestação inteira não garante a ausência de dificuldades ou desafios, pois estes são parte da jornada humana, mas garante, sim, a presença constante de significado. É construir mundos lá fora, no palco da vida, sem nos sentirmos exilados de nós mesmos aqui dentro, em nossa casa interior. É a expressão que nasce da alma e, por isso mesmo, a nutre e fortalece.

CONSTRUINDO MUNDOS COM ALMA: A AÇÃO CONSCIENTE E A MENTE QUE SE REINVENTA PARA O BEM

Se a manifestação inteira é o fruto luminoso de um alinhamento interno profundo, de uma alma que se expressa com verdade, como podemos, na prática do nosso dia a dia, cultivar essa maneira de agir e criar no mundo? Como nos tornarmos especialistas em construir realidades externas que sejam um reflexo genuíno e radiante da nossa alma? A chave está em um processo contínuo e amoroso que envolve tanto o fortalecimento das nossas **forças identitárias** internas, quanto a aplicação consciente da neuroplasticidade por meio de nossas escolhas conscientes.

- Fortalecer a base interna (integrando as forças da alma): A manifestação externa duradoura, significativa e que de fato nos preenche começa com o trabalho interno, com o cultivo do nosso jardim interior. Antes de focar apenas o "fazer" frenético, é crucial e indispensável nutrir o "ser", a nossa essência.
    - Como fazer com amor e intenção: Revisite com carinho as práticas e reflexões dos capítulos anteriores. Continue cultivando, dia após dia, suas **forças identitárias**. Quanto mais integradas e harmoniosas essas forças estiverem em seu ser, mais suas ações no mundo fluirão de modo natural desse centro coerente, desse lugar de poder e paz. A ciência nos mostra que, quando estamos mais inteiros por dentro, nossa mente que planeja e decide (o córtex pré-frontal, como dizem os estudiosos da alma e do cérebro) funciona com mais clareza, foco e força para realizar o que é importante.
- Agir com intenção clara (alinhando a ação com os valores do coração): A manifestação inteira não é aleatória, não acontece por acaso; ela é guiada por uma intenção clara e luminosa que nasce da nossa **visão autêntica** e dos nossos valores essenciais, aqueles que são inegociáveis para a alma. O córtex pré-frontal, nosso centro executivo e sábio, é responsável por traduzir essa intenção em planos e ações concretas no mundo, ajudando-nos a inibir as distrações que nos desviam do caminho e a persistir com fé e coragem diante dos obstáculos que surgem.
    - Como fazer com clareza e propósito: Antes de iniciar um projeto importante ou tomar uma decisão significativa, conecte-se com sua intenção mais profunda, com o "porquê" da sua alma. Pergunte-se com sinceridade: "Qual valor essencial eu quero honrar com esta ação? Qual é a minha verdadeira e mais elevada motivação aqui?". Clarear a intenção ativa nosso centro de planejamento de maneira direcionada, tornando a ação mais focada, eficaz e significativa.

Escrever suas intenções em um diário pessoal também ajuda a consolidá-las neuralmente, a dar-lhes forma e força.

- Manifestar a singularidade em serviço (o eu a serviço do nós, do todo): A manifestação inteira reconhece, com humildade e gratidão, nossa profunda interconexão com toda a vida. Nossos dons únicos, nossas paixões mais vibrantes, encontram seu maior potencial de realização e significado quando são colocados a serviço de algo maior que nós mesmos, quando contribuem para o bem-estar do outro, da comunidade, do planeta. Isso ativa em nós aquela química do bem, do vínculo e da confiança que nos faz sentir conectados e felizes em doar (a ocitocina, o hormônio do amor e da conexão, desempenha um papel importante aqui) e nos preenche com o prazer altruísta, que é muito diferente da busca puramente egoísta por satisfação.
  - ➔ Como fazer com generosidade e alma: Reflita sobre como seus talentos e paixões únicas podem contribuir para o bem-estar de outros seres ou para uma causa que de fato ressoa com o chamado do seu coração. Conecte sua **criação original** a um senso de propósito vivo, a uma missão de alma. Pergunte-se com frequência: "Como posso usar o que tenho de melhor em mim para servir ao mundo, para aliviar o sofrimento, para gerar mais amor e beleza?". Mesmo pequenos gestos de contribuição, feitos com o coração, reforçam os circuitos neurais da conexão, do significado e da felicidade genuína.
- Neuroplasticidade pela ação alinhada (aprendendo a ser em ação, moldando o cérebro com amor): O cérebro, essa maravilha da natureza, aprende e se molda por meio da ação, da experiência viva. Cada pequeno passo que damos na direção da nossa **visão autêntica**, cada ação congruente com nossos valores mais profundos, fortalece as vias neurais da manifestação inteira, tornando esse novo caminho mais fácil e natural.
  - ➔ Como fazer um passo de cada vez com coragem e confiança: Comece com o que é possível para você **agora**, neste momento. Qual é a menor ação alinhada com sua alma que você pode tomar hoje para manifestar sua verdade? Dê esse passo, por menor que seja, e observe o resultado (tanto o interno, em suas sensações,

quanto o externo, nas reações do mundo) sem julgamento excessivo, com a curiosidade de um aprendiz. Use o *feedback* que a vida lhe trouxer para ajustar a rota, para refinar sua ação. E, sobretudo, celebre cada progresso, cada pequena vitória da sua alma. Essas "pequenas vitórias da manifestação" criam um ciclo virtuoso de confiança e motivação intrínseca (ativando a dopamina de maneira saudável, ligada ao significado e ao prazer da ação em si, e não apenas à recompensa externa), reconfigurando seu cérebro para a ação autêntica e plena.

- Confiar no processo (integrando a dimensão sutil e o mistério da vida): A manifestação inteira também envolve reconhecer, com humildade e reverência, que não controlamos tudo com nossa mente racional. Há uma dimensão de mistério, de sincronicidade, de uma inteligência maior que opera quando estamos alinhados com nossa essência e com o fluxo da vida. Confiar nesse processo reduz a atividade do nosso sistema de ameaça interna e nos mantém abertos a soluções inesperadas, a encontros fortuitos, a presentes que a vida nos oferece. A ciência começa a vislumbrar como nossos estados internos mais profundos, nossa fé e nossas intenções amorosas podem, de maneiras sutis e poderosas, influenciar até a maneira como a vida se expressa em nós e através de nós, quem sabe até no nível mais íntimo de nosso ser, como alguns estudos sobre epigenética sugerem de maneira fascinante.

E você, sente-se pronto(a), neste momento da sua jornada, para transformar seu autoconhecimento em ação consciente e amorosa no mundo, usando essas práticas para garantir que sua manifestação seja um reflexo luminoso da sua alma inteira, e não um eco doloroso do vazio interior?

Construir mundos com alma não se trata de ter sucesso a qualquer custo, ou de alcançar um ideal de perfeição inatingível. Trata-se de ter a coragem de alinhar nosso fazer com nosso ser, nossa ação com nosso propósito mais elevado, nossa vida externa com nossa verdade interna mais profunda e sagrada. É a expressão final e mais gloriosa da originalidade: não apenas ser em essência, mas ser plenamente no mundo, com a alma inteira, deixando um legado de amor e luz.

Perguntas poderosas para iluminar seu caminho

- Em quais "palcos" específicos da sua vida (sejam eles profissionais, sociais ou pessoais) você mais se percebe priorizando o "aplauso externo", a validação alheia, em detrimento da sua verdade interna mais profunda? E como essa busca, por vezes inconsciente, contribui para uma sensação de "solidão interna", de vazio ou de desalinhamento em seu ser?
- Se você se permitisse, por um instante, silenciar a necessidade de aprovação externa e ouvir apenas a voz do seu coração, qual é a mensagem, o desejo ou a expressão que "verdadeiramente pulsa em sua alma" neste momento, pedindo para ser manifestada no mundo? E qual a primeira forma de ousadia, o primeiro ato de coragem, que essa manifestação autêntica exigiria de você?
- Qual é o primeiro "pequeno passo de ação congruente" – seja ele um gesto de amor, uma palavra de verdade, uma decisão alinhada com seus valores – que você se compromete a dar **hoje** para começar a construir um mundo externo que não apenas reflita, mas também nutra ativamente a "casa interna" sagrada que você está (re)construindo e fortalecendo em seu ser com tanto amor e dedicação?

CAPÍTULO 19

O SENTIDO QUE GUIA OS PASSOS: A DANÇA SAGRADA DA UNIDADE E DA SEPARAÇÃO NA CAXEMIRA DA ALMA

Havia um chamado em meu coração, um sussurro persistente que ecoava o nome Caxemira. Imaginava-a como um santuário de beleza quase mítica, aninhado aos pés dos imponentes Himalaias, no norte da Índia. Contudo, essa imagem idílica era obscurecida pela sombra longa e fria de um conflito armado, uma tensão antiga que marcava a terra com cicatrizes visíveis e invisíveis. Ainda assim, quando chegou o convite para ministrar um treinamento em Srinagar, a capital, senti que a alma pedia essa travessia, apesar dos riscos.

Ao chegar, a beleza natural me assaltou os sentidos: o ar cristalino das montanhas, a imensidão serena de um lago espelhado sob um céu profundo. Entretanto, a cidade em si era um paradoxo doloroso. Vestígios de uma glória passada, quando servia de refúgio de verão para os ingleses, misturavam-se às marcas indeléveis da guerra. A presença militar era uma constante lembrança da fragilidade da paz naquele cenário de beleza estonteante. Encontrei refúgio em uma casa flutuante no lago Dal, um oásis de quietude. Mal começara a sentir a paz daquele lugar, embalado pelo suave bater da água na madeira, quando a realidade me confinou: a situação se agravara, os céus se fechariam por quinze dias, e uma avalanche bloqueara a única rota terrestre. Estava preso, ilhado naquele paraíso sitiado.

O medo inicial deu lugar a uma estranha rendição. Se o destino me prendera ali, talvez houvesse um propósito oculto, uma lição a ser aprendida. Foi nesse estado de aceitação forçada que o jovem cuidador da casa flutuante mencionou Mestre Aziz, um líder religioso local, um homem "muito especial". A curiosidade e a busca por sentido me levaram até ele. O encontro foi transformador. Mestre Aziz irradiava uma presença, uma serenidade e uma sabedoria que pareciam brotar de uma fonte antiga e sagrada. Nossas conversas diárias tornaram-se um bálsamo, explorando as profundezas da vida, longe do ruído do conflito.

Um dia, ele chegou de surpresa na minha casa flutuante, trazendo o Alcorão e a Bíblia. Sentamo-nos na varanda, o lago espelhando as montanhas e as flores de lótus desabrochando como símbolos de pureza. Com reverência, ele navegou pelos textos sagrados, revelando as passagens nas quais as palavras convergiam em luz, ecoando a mesma verdade essencial, e também aquelas em que divergiam, criando sombras de separação. Ao entardecer, ele compartilhou a lição que reorganizaria minha alma: "O que converge nos textos sagrados", disse suavemente, "é a palavra de Deus – a verdade que une. O que diverge, separa, gera conflito... essa é a palavra do homem – interpretação, medo, poder". Ele me convidou a discernir sempre por qual caminho seguir, a escolher a palavra divina que acolhe e revela a essência. Naquele instante, vendo a beleza do pôr do sol sobre o lago e sentindo a tensão da cidade militarizada ao redor, a lição se tornou viva. A paisagem era a palavra de Deus; o conflito, a palavra dos homens.

Quando parti, quinze dias depois, eu era outro. Aquele confinamento inesperado, aquele encontro sagrado, haviam me presenteado com uma bússola interna: a capacidade de discernir, em cada momento, o chamado da unidade divina contra o ruído da separação humana. A esperança mais profunda nasceu ali, na certeza de que, mesmo nos cenários mais divididos, podemos sempre escolher seguir o caminho do coração que reconhece a essência sagrada em tudo e em todos.

Essa experiência que vivi na Caxemira, e também a de me colocar a serviço durante a pandemia de covid-19 (contada no Capítulo 15), mesmo imerso no caos e no medo pessoal, são vislumbres da força que chamo de **inteligência espiritual**, e como ela se entrelaça com a **transcendência**, que é a sétima e culminante força identitária.

A bússola interna que recebi como um presente precioso naquela experiência transformadora na Caxemira – a capacidade de discernir entre a "palavra do homem" (que muitas vezes nasce do medo, da separação, da busca por controle) e a "palavra de Deus" (que para mim significa a voz da união, do acolhimento, da essência que nos conecta) – é um portal para o que podemos chamar, com reverência, de **inteligência espiritual**. Esse não é um conceito ligado a uma religião específica, mas sim a uma qualidade humana fundamental, uma capacidade inata de viver e agir com sentido, propósito e uma profunda conexão com algo maior do que nosso ego individual.

Mestres que admiro, como o mestre indiano Osho, a mestra Amma, o mestre Sathya Sai Baba, Dada Bagwan, Deepakbhai Desai e Swami Kriyananda exploraram essa dimensão da inteligência humana, descrevendo-a como aquela que nos permite fazer as perguntas fundamentais sobre o significado da vida, que integra nossas outras inteligências (a racional e a emocional) e que nos guia a agir no mundo com mais sabedoria, compaixão e coerência interior.

A **inteligência espiritual** é o florescimento natural e radiante das forças identitárias que cultivamos com tanto amor ao longo desta nossa jornada. Quando desenvolvemos a **presença inteira**, aprendemos a silenciar o ruído mental e a nos conectar com o agora sagrado, em que a sabedoria intuitiva do coração pode emergir com clareza. Quando vivemos a **inspiração viva**, nós nos abrimos para sermos canais de uma energia criativa e amorosa que nos transcende. E, quando tocamos a dimensão da **transcendência**, percebemos nossa interconexão com todo o tecido da vida, e nossas ações passam a ser naturalmente guiadas por um senso de responsabilidade e serviço ao bem maior. A **inteligência espiritual** é, portanto, a integração dessas forças em ação no mundo, a sabedoria do coração guiando nossos passos.

Você reconhece momentos em sua vida em que agiu guiado(a) por essa inteligência mais profunda do coração, por um senso de conexão, de ética ou de propósito que ia além da lógica puramente racional ou do seu interesse pessoal imediato? Esses momentos, muitas vezes sutis e silenciosos, são vislumbres da nossa capacidade inata de viver com alma, de viver com sentido. Como vimos no capítulo sobre **transcendência**, essa experiência de conexão tem ecos profundos em nosso ser. Pesquisas[14] sobre estados de profunda contemplação ou conexão espiritual descrevem um estado de funcionamento interno mais integrado, no qual a empatia e a visão ampla florescem, a reatividade emocional diminui e o foco

14 NEWBERG, A. **Neurotheology:** How Science Can Enlighten Us About Spirituality. New York: Columbia University Press, 2018.
O CÉREBRO zen: o que acontece na massa cinzenta de quem medita. **Superinteressante.** Disponível em: https://super.abril.com.br/especiais/o-cerebro-zen-o-que-acontece-na-massa-cinzenta-de-quem-medita/. Acesso em: 15 jul. 2025.

autocentrado se dissolve em uma sensação de unidade e pertencimento. É como se as fronteiras habituais do "eu" se tornassem mais porosas, permitindo uma experiência de comunhão com o todo. Viver com **inteligência espiritual** significa cultivar, com intenção e amor, esses estados de coerência interna em nosso dia a dia.

Isso não requer abandonar a vida prática ou se isolar do mundo. Pelo contrário, a **inteligência espiritual** se manifesta nas escolhas cotidianas mais simples: na forma como lidamos com um conflito (buscando a compreensão mútua em vez da culpa ou da acusação), na maneira como ouvimos um amigo em necessidade (oferecendo presença genuína em vez de soluções apressadas), na decisão de consumir de maneira mais consciente e sustentável, na escolha de palavras que constroem pontes de entendimento em vez de muros de separação, na capacidade de perdoar, a si mesmo e ao outro, e seguir com o coração mais leve. É a sabedoria do coração aplicada com amor e coragem à vida real. É usar a bússola interna para navegar pelas complexidades da existência, escolhendo o caminho que honra a essência, a união, o amor – em detrimento do medo, da separação, das armadilhas do ego. Viver assim não nos torna imunes à dor ou ao sofrimento, que são parte da experiência humana, mas nos dá uma perspectiva mais ampla, um refúgio interno de força e serenidade para atravessar as tempestades com mais graça e sabedoria.

VIVER COM PROPÓSITO: A ALMA EM AÇÃO NO MUNDO

A **inteligência espiritual**, quando cultivada com carinho e intenção, inevitavelmente nos conduz a uma vida com mais propósito. Entretanto, aqui é crucial desfazer um equívoco comum que pode nos desviar do caminho. Propósito, na perspectiva da alma, não é necessariamente encontrar uma única e grandiosa "missão" externa que nos definirá para sempre. Propósito é, antes de tudo, uma qualidade de presença e de ação que permeia nossa vida quando estamos profundamente alinhados com nossa essência mais verdadeira, com nossos valores mais sagrados. É viver a partir do porquê profundo da nossa alma, e não apenas do que fazemos ou do como fazemos.

Lembre-se da nossa jornada até aqui: ao redescobrirmos nosso valor esquecido, paramos de mendigar validação externa. Ao cultivarmos a **visão**

autêntica, limpamos as lentes da dor que distorciam nossa percepção. Quando essas bases internas estão mais sólidas e nutridas, o propósito natural da nossa alma começa a emergir, não como uma imposição externa ou uma meta a ser arduamente conquistada, mas como um chamado suave e persistente do coração, que nos guia de modo amoroso em direção ao que de fato importa para nós, ao que faz nossa alma vibrar. O propósito, então, deixa de ser uma meta futura e distante e se torna a qualidade com a qual vivemos o presente, cada instante, cada respiração.

Revisitamos aqui a integração final e sublime de nossa jornada: ser, fazer e doar tornam-se um único e harmonioso movimento da alma. Quando vivemos com propósito, nossas ações no mundo (o fazer) são uma expressão natural e espontânea de quem realmente somos em nossa essência (o ser), e contribuem, de maneira orgânica e fluida, para o bem-estar do todo, para algo maior que nós mesmos (o doar). Não há mais a sensação de sacrifício ou de esforço penoso, mas sim a alegria e a energia que nascem de viver em coerência com nossos valores mais sagrados, com o chamado da nossa alma.

Aqui, tocamos em algo transformador: nossos estados internos – a qualidade dos nossos pensamentos, a vibração das nossas emoções, a força da nossa intenção alinhada com o amor – não são só experiências subjetivas e passageiras; eles parecem conversar com a nossa biologia, com a sabedoria do nosso corpo. A ciência começa a investigar com fascínio o que a sabedoria antiga já intuía há milênios: a forma como vivemos nossas emoções, como cultivamos nossa consciência e nossa conexão com o propósito pode influenciar a maneira como nosso próprio corpo funciona, talvez até, como alguns estudos sugerem, modulando a expressão de nossos genes (um campo fascinante conhecido como epigenética). Viver com propósito, com coerência interna, com estados elevados de compaixão, gratidão e amor não é apenas bom para a alma; é um convite para que nosso corpo floresça em saúde, vitalidade e bem-estar. Isso nos dá uma responsabilidade sagrada e um poder imenso: o poder de escolher, a cada dia, com consciência e sabedoria, os estados internos que queremos cultivar, sabendo que eles não apenas moldam nossa experiência de vida, mas também podem estar tecendo a própria trama da nossa saúde física e emocional.

Como seria viver cada dia, mesmo nas tarefas mais simples e rotineiras, sentindo essa qualidade de propósito pulsar em seu ser, sabendo que suas ações estão alinhadas com o chamado da sua alma e contribuem para algo maior, que transcende você? Essa sensação de alinhamento traz grande paz e alegria, uma satisfação que não depende das circunstâncias externas sempre mutáveis. É a alegria de estar no próprio fluxo da vida, de sentir que sua existência tem um sentido que transcende o sucesso ou o fracasso momentâneo, que ecoa na eternidade.

E, como consequência natural dessa vida alinhada com a alma, deixamos aquele legado invisível – o rastro de luz, de inspiração, de transformação silenciosa e poderosa que nossa presença autêntica imprime no mundo, muitas vezes sem que tenhamos plena consciência disso. Viver com propósito não diz respeito ao que faremos para sermos lembrados pelos outros, mas a quem nos tornamos ao viver nossa verdade a cada instante, a cada respiração.

Perguntas poderosas para iluminar seu caminho

- Considerando sua jornada pelas sete forças identitárias e as reflexões sobre a inteligência espiritual, de que maneira sua percepção de propósito se transformou? Ele deixou de ser uma meta distante e grandiosa para se revelar uma qualidade viva de presença e ação que já se manifesta (ou que anseia ardentemente por se manifestar com mais intensidade) em seu dia a dia?
- Em quais momentos ou atividades cotidianas você sente mais vividamente o chamado do seu propósito pulsando em seu coração, como uma qualidade de ser e agir que lhe traz profunda satisfação e significado? E qual é a expressão mais autêntica desse chamado que, neste momento da sua vida, pede passagem para se expandir e florescer ainda mais em sua existência **agora**?
- Qual pequeno, porém imensamente significativo, passo você se compromete, com todo o seu coração e sua alma, a dar **hoje** para cultivar ainda mais sua **inteligência espiritual** – essa sabedoria do coração? Como você pode usá-la para discernir com mais clareza e escolher com mais coragem o "caminho do coração", aquele que aprofunda a conexão com sua essência mais pura, com seu propósito de vida e com o bem maior de todos os seres?

EPÍLOGO

O PRAZER DE ANDAR DESCALÇO: O RETORNO À ESSÊNCIA, SENTINDO O CHÃO DA VIDA

Lembra-se daquela sensação, talvez ainda muito familiar, dos sapatos apertados? Aqueles que usamos por tanto tempo, na esperança de que um dia se ajustassem ao nosso passo, enquanto, na verdade, moldavam nossa alma, nos desconectando do nosso ritmo natural, da nossa verdade mais simples e genuína? Lembro-me vividamente da dor silenciosa que senti, não apenas nos pés, mas na essência mais profunda, ao perceber o quanto havia me perdido tentando caber na performance do sucesso que o mundo esperava, esquecendo o simples e profundo prazer de simplesmente ser. Essa jornada que percorremos juntos, capítulo por capítulo, foi um convite constante e amoroso para descalçar a alma, para retirar as camadas de adaptação, medo e comparação que nos cobriam.

Agora, chegamos a um novo lugar. Não um destino final com fanfarras e aplausos ruidosos, mas um limiar silencioso, um retorno reverente à essência que sempre nos habitou. É como enfim tirar aqueles sapatos apertados depois de uma longa caminhada e sentir, talvez pela primeira vez em muito tempo, o chão vivo da existência sob os pés. E que sensação é essa? Talvez se pareça com aquela que redescobri com tanta emoção ao ser levado pela vida para o interior: a terra úmida depois da chuva, o ritmo mais lento e humano dos dias, o céu vasto e cravejado de estrelas que nos convida ao infinito, a alegria simples de uma conversa na varanda ao entardecer, a presença plena no riso cristalino de uma criança. É a sensação profunda e libertadora de pertencer não a um lugar externo, a uma aprovação alheia, mas a si mesmo, à sua própria casa interior. É a redescoberta de que a casa verdadeira não tem endereço fixo; ela mora onde nossa alma pode respirar livre, onde nosso coração pode ser quem é.

Andar descalço pela vida é exatamente isto: um estado de ser, uma escolha de alma. É a coragem de sentir a existência diretamente, sem os amortecedores do medo que nos enrijecem ou os filtros das expectativas alheias que nos distorcem. É habitar a própria pele com inteireza, reconhecendo e aceitando sua forma única e sagrada, sem precisar mais se diminuir para caber em moldes estreitos ou se esticar artificialmente para impressionar o mundo. Quando escolhemos caminhar descalços, nossa relação com a vida se transforma. Paramos de buscar apenas terrenos planos, previsíveis e seguros, e aprendemos a dançar com a imperfeição sagrada do caminho. As pedras que surgem se tornam pontos de apoio para nosso crescimento; os trechos ásperos e desafiadores revelam nossa resiliência indomável; os momentos escorregadios e incertos nos ensinam sobre equilíbrio e confiança. Cada tropeço vira lição valiosa, cada cicatriz conta uma história de coragem, de superação, de amor pela jornada. Viver a partir da essência é escolher nosso próprio ritmo, construir nossa própria dança, mesmo que ela pareça desajeitada ou incompreensível aos olhos do mundo, porque ela é inteira, ela é nossa, ela é verdadeira.

Essa capacidade de caminhar com os pés nus na terra sagrada da vida se ancora firmemente naquelas **sete forças identitárias** que despertamos e nutrimos com tanto carinho ao longo desta nossa travessia. Elas não são mais conceitos abstratos ou distantes, mas raízes vivas, pulsantes, entrelaçadas em nosso ser, sustentando com vigor a árvore frondosa da nossa originalidade. A **coragem de ser** pulsa em nosso peito como um tambor ancestral, permitindo-nos ser quem de fato somos, sem máscaras, sem subterfúgios. A **visão autêntica** clareia nosso olhar, libertando-nos das lentes embaçadas da dor e do medo. A **expressão verdadeira** flui através da nossa voz, do nosso corpo, dos nossos gestos, construindo pontes de conexão genuína e profunda com o outro. A **criação original** transforma nossa vida em uma obra de arte viva, com nossa assinatura única e intransferível. A **presença inteira** nos ancora no agora, no único momento que realmente existe, permitindo-nos habitar cada instante com totalidade e gratidão. A **inspiração viva** nos conecta ao fluxo maior da existência, tornando-nos canais de uma energia amorosa e criativa que nos transcende. E a **transcendência**, por fim, transforma nossa jornada individual em serviço silencioso e amoroso ao todo, deixando um legado invisível, mas poderoso, de amor e verdade no mundo.

A ciência hoje nos mostra, com sua linguagem precisa, que viver em congruência interna, com nossos pensamentos, sentimentos e ações alinhados como uma sinfonia harmoniosa, gera um estado de bem-estar profundo e real que se sustenta. É como se nosso ser encontrasse seu eixo sagrado, e uma química de paz, alegria e conexão fluísse naturalmente por nossas veias, nutrindo uma felicidade que não depende tanto das conquistas externas ou do aplauso alheio, mas da qualidade da nossa presença no mundo, da fidelidade à nossa alma. A felicidade, então, deixa de ser uma linha de chegada distante e ilusória e se revela na própria qualidade sagrada da caminhada, no prazer de ser quem se é a cada passo.

Como é para você, agora, neste instante de conexão, imaginar essa sensação de caminhar descalço pela vida, sentindo o apoio firme dessas raízes internas que você cultivou, enfim, retornando à casa que existe, desde sempre, dentro de si mesmo(a)?

Essa chegada não é um fim, mas um luminoso começo. É o retorno à casa interior que sempre esteve lá, pacientemente esperando nossa coragem para reabitá-la em sua plenitude. É como chegar a uma praia calma e serena ao amanhecer, depois de uma noite de tempestade e mar revolto: não há mais luta, não há mais tensão, apenas o alívio profundo e sereno de estar em terra firme, seguro em seu próprio ser. E nesse lugar de retorno, de reencontro consigo mesmo, nasce uma alegria nova, uma alegria silenciosa e mansa: a alegria de não precisar mais provar nada a ninguém, de não precisar carregar pesos extras que não são seus, de não precisar performar para ser aceito ou amado. A leveza que surge não é ingenuidade infantil, mas sabedoria conquistada na travessia da alma, na jornada do herói ou da heroína que você é. É a leveza de quem sabe, por experiência própria, que pode atravessar ventos e tempestades, pois o centro interno, a chama da alma, permanece firme, acesa, inabalável. Talvez agora possamos ouvir a melodia de "Pies Descalzos" com outros ouvidos, com outra alma, como um hino à liberdade reconquistada, à recusa amorosa em esquecer quem verdadeiramente somos em nossa essência. A neurociência da felicidade autêntica nos confirma: é a congruência interna, o alinhamento com nossa verdade, que gera bem-estar duradouro e uma paz que transcende as circunstâncias.

Por isso, agora, mais do que nunca, é tempo de celebrar. Celebrar não apenas as grandes viradas, as conquistas espetaculares, mas cada pequena vitória silenciosa da alma que o(a) trouxe até este momento de clareza e paz. Cada "não" dito com firmeza à autoanulação, à autossabotagem. Cada "sim" dito com o coração à sua verdade mais profunda. Cada limite pessoal honrado com respeito. Cada medo atravessado com coragem, mesmo que com as pernas trêmulas. Cada lágrima que limpou o olhar e lavou a alma. Cada riso que brotou espontâneo do coração leve. Celebrar as cicatrizes não como marcas de dor, mas como mapas da sua coragem, como testemunhas da sua resiliência. O que você celebraria em si mesmo(a) agora, neste retorno silencioso e amoroso à sua essência, reconhecendo a beleza única e incomparável da sua jornada? Lembre-se: você não está mais em construção, esperando ficar pronto(a) para viver. Você já é. Alma viva, força em movimento, poesia singular e divina. A celebração é respirar fundo nesse reconhecimento, nessa aceitação amorosa de quem você é.

A prática que levaremos daqui para frente, para toda a vida, é simples em sua essência, mas constante em sua dedicação: continuar sentindo o chão sob os pés, confiando na sabedoria ancestral do corpo e da alma, vivendo a beleza crua, real e imperfeita da existência com o coração aberto e os pés descalços, prontos para dançar a música que só você pode ouvir.

CONVITE DO CORAÇÃO

Se chegamos juntos até o fim desta travessia, que estas páginas tenham sido mais do que palavras lidas e esquecidas; que tenham sido um espelho amoroso no qual você pôde vislumbrar a própria luz, um abraço na alma nos momentos de dúvida, um convite carinhoso para lembrar. Lembrar-se da força indomável que reside em suas raízes. Lembrar-se da luz inextinguível que existe mesmo em suas sombras mais profundas. Lembrar que ser quem você é, em sua originalidade intransferível e sagrada, nunca foi um erro, mas sempre a sua maior dádiva, o seu presente mais precioso para o mundo.

Não precisamos mais correr atrás de aceitação externa ou lutar incessantemente para provar nosso valor. A vida, em seu amor e sabedoria infinitos, já nos escolheu, já nos disse "sim" no momento em que nos trouxe à existência. Cabe a nós, com humildade e gratidão, honrar essa escolha divina, vivendo inteiros, leves, autênticos, verdadeiros. Andando descalços pela existência, não por fragilidade ou ingenuidade, mas por profunda e conquistada liberdade da alma.

Minha imensa e sincera gratidão por sua companhia preciosa nesta jornada, por sua coragem em olhar para dentro com honestidade, por se permitir sentir, doer e, enfim, florescer em toda a sua magnificência. Você é infinitamente maior, mais belo e mais potente do que qualquer história limitante que já contaram sobre você ou que você mesmo já contou a si. Você é casa. Você é dança. Você é original.

Que este livro, que estas palavras escritas com a alma, sirvam como uma lembrança viva e pulsante em seu coração: suas raízes são fortes e profundas, seu caminho é unicamente seu e andar descalço pela vida é poder – o poder de sentir com inteireza, de criar com paixão, de escolher com sabedoria e de viver com verdade e alegria transbordante. E que, toda vez que a dúvida ou o medo sussurrar em seus ouvidos, tentando desviá-lo(a) de sua luz, você possa fechar os olhos por um instante, respirar fundo, sentir seus pés no chão e lembrar: o chão está lá, a força está aí, dentro de você. O caminho da originalidade nunca se perde, porque ele mora dentro de você. Sempre.

Obrigado por caminhar junto comigo. O próximo passo é seu. Com pés descalços. Com alma viva. Com vida plena.

Vamos juntos. Sempre. Com todo o meu amor e admiração pela sua jornada.

Pergunta poderosa final

Agora, com o coração leve e os pés firmes no chão da sua verdade, qual é a dança que sua alma anseia por dançar no mundo? Com os pés descalços, o espírito livre e o coração aberto, qual o próximo passo, por mais simples que seja, que você escolherá dar para celebrar o prazer infinito e a liberdade radiante de ser autêntica, incomparável e divinamente você?

Este livro foi impresso
pela gráfica Bartira em papel
Pólen Bold 70g em setembro
de 2025.